민주
시민
학교

오승현 글 | 김주경 그림

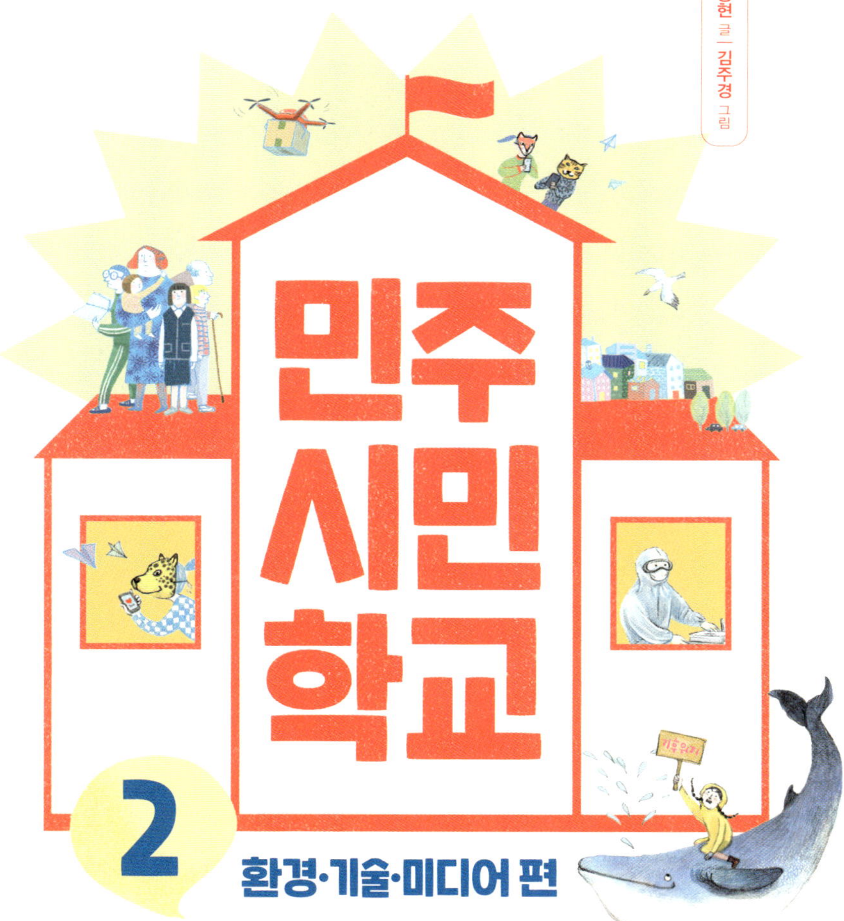

민주 시민 학교

2 환경·기술·미디어 편

휴먼어린이

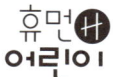

여는 글

우리는 서로 연결되어 있다

　가장 위대한 발명품, 라면! 가장 맛있는 음식은 아니더라도, 그 가격에 그만큼 배부르고 맛도 좋은 음식이 또 있을까요? 저는 적어도 1주일에 한두 번은 라면을 먹는 것 같아요. 대한민국 평균이죠. 여러분도 라면 좋아하세요? 한국인만큼 라면을 좋아하는 민족도 없습니다. 국민 1인당 라면 소비량은 75.6개로 전 세계 1위거든요. 그것도 독보적인 1위죠.
　그런데 라면을 많이 먹을수록 코끼리가 고통받는다는 사실을 알고 있나요? 요코쓰카 마코토가 쓴 《코끼리와 숲과 감자 칩》이란 책이 있어요. 책에는 보르네오섬에서 코끼리들이 힘겹게 강을 건너는 장면이 나옵니다. 코끼리들은 왜 힘들게 강을 건널까요? 먹을 걸 찾기 위해서랍니다. 숲이 줄어들어 먹이가 부족해졌죠. 숲이 줄어든 이유는 바로 팜나무를 키우는 농장을 만들려고 숲을 밀어냈기 때문이죠.

팜나무 열매를 짜면 팜유가 됩니다. 라면이나 과자, 감자 칩 등을 튀길 때 쓰죠. 또 마가린, 아이스크림 등을 만들 때도 쓰여요. 심지어 잉크, 비누, 샴푸, 화장품 등을 만드는 데도 써요. 오늘 내가 맛있게 먹은 라면 한 봉지가 코끼리 가족의 삶을 힘겹게 만들고 있답니다. 라면을 먹을수록 열대 우림이 사라지거든요. 2017년 기준, 인도네시아의 팜나무 농장은 11만 7000제곱킬로미터나 돼요. 10만 188제곱킬로미터인 대한민국 면적보다 더 넓죠.

"우리는 압니다. 땅은 인간의 것이 아니라 오히려 인간이 땅에 속해 있지요. 우리는 압니다. 가족이 한 핏줄로 묶이듯 만물은 하나로 이어져 있죠. 대지에 무슨 일이 닥치면 그것은 대지의 자식에게도 닥치게 됩니다." 아메리카로 건너온 유럽인들이 원래 그 땅에 살던 인디언들에게 땅을 넘기라고 요구하자 시애틀 추장은 그렇게 응수했답니다. 인류의 지혜로운 조상들은 '만물이 하나로 이어져 있다'는 사실을 잊지 않았죠.

그러나 우리는 그런 지혜를 잊고 살아요. 모두가 연결돼 있다는 사실은 여태껏 관념에 가까웠어요. 인터넷을 통해 먼 나라 사람들의 일상을 속속들이 들여다볼 수 있게 됐지만, 여전히 먼 나라의 일이었을 뿐이었으니까요. 그러다 코로나19가 전 세계를 덮쳤지요. 각국은 공항을 닫고 국경을 걸어 잠갔죠. 다른 사람과의 2미터 이상 거리 두기는 역설적으로 우리가 얼마나 가까운 존재인지 깨닫게 했어요. 내가 내쉰 공기가 누군가의 폐로 들어가고, 누군가가 내쉰 공기가 내 폐로 들어오죠. 서로의 숨이 섞이고 스민답니다. 모두가 서로에게 연결되어 있다는 건 관념이 아니라 사실이었던 거죠. 코로나19는 현대인이 하나로서의 인류를, 전체로서의 지구를 실감하게 해 준 사건이 아닐까 싶어요.

우리는 서로 연결돼 있습니다. 사람과 물자와 정보가 자유롭게 국경을 넘나들며 세계를 묶고 있어요. 사람과 사람뿐만 아니라 사람과 자연, 자연과 자연도 이어져 있지요. 우리 눈에는 보이지 않지만 커다란 끈이 서로를 묶고 있답니다.

사진은 1984년 촬영된 인류 최초로 생명 연결줄 없이 우주를 유영하는 모습이랍니다. 저는 이 사진을 볼 때마다 숙연해집니다. 한 겹 우주복에 의지해서 우주를 둥둥 떠다니는 우주인. 지구의 주인

인 양 거들먹거리지만, 인간은 우주복 없이는 우주에서 한순간도 머물 수 없죠. 이 한 장의 사진은 인간이 얼마나 나약한지 잘 보여 줍니다.

더불어 인간이 존재하기 위해서 다른 것들에 얼마나 의존해 왔는지도 보여 주지요. 땅, 공기 등 우리를 둘러싼 모든 것이 우리를 살아 있게 만듭니다. 사진은 '생명은 빛이다. 그런데 빛이자 빚이다. 삶은 빚이다.'라고 말하는 것 같아요. 땅과 공기처럼 우리를 둘러싼 모든 것이 우리를 살아 있게 만든답니다. 또, 우리는 모두 다른 이의 노동과 활동에 기대어 살아가죠. 누구도 자급자족하며 살 순 없어요.

모두가 이어져 있다는 사실을 깨닫고 모두가 잘사는 세상을 만들려고 함께 애쓰는 사람이 바로 민주 시민이며 또 세계 시민입니다. 나의 행동과 세계와의 관계를 깨닫고 지구촌 공동체의 구성원으로서 책임감 있게 행동하는 사람이 세계 시민이죠. 이 책을 통해 여러분이 민주 시민이자 세계 시민에 한 걸음 다가갈 수 있길 바랍니다.

2021년 9월
오승현

차례

여는 글 – 우리는 서로 연결되어 있다 4

1 해양 오염

플라스틱이 넘실대는 바다 12
바다를 삼킨 플라스틱 22

2 기후 위기

미래를 위한 금요일 32
갈수록 뜨거워지는 지구 44

3 공장식 축산

한여름 밤의 탈출 56
동물은 물건이 아니야 66

4 전염병

코로나를 쫓는 사람들 76
코로나가 일깨워 준 것 86

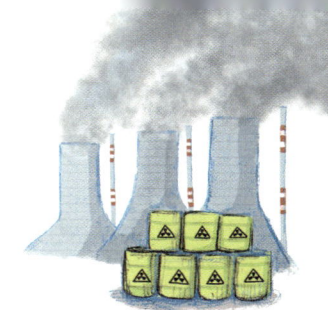

5 원자력 발전

녹색 포장 비닐의 비밀 96
유용한 에너지일까, 위험한 폭탄일까? 106

6 4차 산업 혁명과 일자리

미래의 미래 118
일자리의 미래, 미래의 일자리 130

7 혐오 표현

혐오 배틀 142
약자를 배제하고 차별하는 사람들 154

8 가짜 뉴스

교황은 억울해 164
사실과 여론을 비트는 가짜 뉴스 174

자연은 결코 배신하지 않는다.
우리 자신을 배신하는 것은 항상 우리다.

−장 자크 루소

1

해양 오염

플라스틱이 넘실대는 바다

 내 이름은 블루. 원래는 다른 이름이 있었는데, 지금은 다들 블루라고 불러. 내가 사는 곳은 커다란 수족관이야. 내가 처음부터 수족관에 살았던 건 아니야. 난 바다에서 태어났어. 3년 전에 잡혀 온 뒤로 다시는 푸른 바다로 갈 수 없지만…….
 수족관 시설이 아무리 좋아도 바다만 못하지. 난 밤마다 바다 꿈을 꿔. 끝없이 펼쳐진 파란 바다를 헤엄치는 꿈이야. 세차게 물살을 가르며 앞으로 나가는 꿈을 꾼 다음 날은 답답했던 마음도 조금은 풀리는 듯해.
 바다에서 나는 평균 20일 동안 1000킬로미터를 헤엄쳐 다녔어. 한반도 남북의 길이가 대략 1100킬로미터니까 20일 동안 한반도

북쪽 끝에서 남쪽 끝까지 간다고 생각하면 되지. 그렇게 자유롭게 살던 내가 100미터도 안 되는 수족관에 갇혀 지내니 어떻겠어?

바다에서 사는 돌고래의 평균 수명은 30년 이상이라고 해. 오래 살면 40년도 살고. 그런데 수족관에 갇혀 지내는 돌고래는 오래 살지 못하지. 1990년부터 2017년까지 한국에 들여온 돌고래가 모두 98마리인데, 그중 52마리가 죽었어. 52마리의 평균 생존 기간은 고작 4년에 불과했어.

바다에서 붙잡혀 수족관으로 왔을 때가 떠오른다. 처음에는 입맛도 없고 죽고 싶었어. 잡히던 그 순간이 머릿속에서 떠나지 않았지. 갑자기 커다란 소리가 들리더니 물 밖에서 뾰족하고 기다란 것들이 들어와 마구 찔러 댔어. 파란 바다가 어느새 빨갛게 물들었지. 그런 모습은 생전 처음 봤어. 정신이 하나도 없었어.

그 순간 내 몸이 물 밖으로 떠올려졌어. 그리고 작은 통에 실려서 어딘가로 옮겨졌어. 얼마나 시간이 흘렀는지는 모르지만, 여러 번 통이 덜컹거리고 내 몸이 흔들린 뒤에야 지금의 수족관으로 오게 됐어. 온통 빨갰던 바다는 어떻게 됐을까? 같이 붙잡힌 친구들은 어디로 갔을까? 그런 걱정에 입맛이 하나도 없었지. 계속 굶었더니 정신이 아득하고, 하늘이 노랗게 보였어.

어느 날, 머리 위를 봤어. 새파란 하늘을 올려다보니 마치 푸른 바다가 머리 위에서 넘실거리는 것 같았지. 그래서 있는 힘껏 하늘 물속으로 뛰어올랐어.

"저 봐, 블루가 점프를 하네!"

"와! 안 가르쳐 줘도 잘하는데."

사육사들의 눈이 모두 나를 향했어. 으쓱한 기분에 한 번 더 물 밖으로 솟구쳤어.

"블루는 따로 훈련을 안 해도 될 것 같은데."

그 뒤로는 물 밖으로 튀어 오르는 게 내 일과가 되었지. 아이들은 내가 하늘 높이 솟구칠 때마다 박수를 치며 환호했어.

"엄마! 돌고래가 엄청 높이 점프해."

난 사실 박수나 환호 때문에 튀어 오른 게 아니었는데. 하늘 물속에 닿길 바라는 마음으로 도약했던 거거든. 비록 매번 실패하더라도 언젠가는 파란 하늘 물속에서 헤엄칠 수 있길 바랐어.

어쨌든 박수와 환호는 계속됐어. 특히 높이 튀어 올라 첨벙 가라앉을 때 물보라를 튀기면 아주 좋아했어. 그나마 수족관 생활에서 좋은 점이 그거였지. 아이들과 친구가 될 수 있다는 것. 아이들이 나를 보면서 동물이 인간의 친구란 사실을 알아주길 바랐어.

수족관 생활에서 좋은 점을 하나 더 꼽자면, 안전한 먹이를 먹을 수 있다는 거였지. 그 정도면 행복한 거 아니냐고? 좋아, 이렇게 생각해 볼래? 너희가 최고급 호텔에 머물지만, 평생 그곳을 벗어날 수 없는 상황이라고 말이야. 좋은 음식 먹고 깨끗한 데서 잔다고 마냥 행복할까? 지금 내 상황이 딱 그래.

바다에서의 삶은 대부분 좋았어. 딱 하나 나빴던 건 먹이였어.

바다에 있는 먹이 중에는 위험한 것도 많았거든. 지금은 수족관에서 사육사가 주는 안전한 먹거리만 먹지만, 그때는 달랐어.

많은 바다 생물이 비닐, 사탕 껍질, 스티로폼 조각, 플라스틱 조각 등을 먹어. 덩치가 큰 녀석들은 빨대, 그물, 병뚜껑 등도 꿀꺽꿀꺽 삼키지. 바다에는 엄청나게 많은 플라스틱 쓰레기가 떠다니고 있어. 1997년 하와이에서 열린 요트 경기에 참여해 북태평양을 지나가던 찰스 무어는 바다 위에 떠 있는 거대한 무언가를 발견했어. 가까이 가 보니 쓰레기 더미였지. 대부분은 플라스틱 쓰레기였어.

태평양에 둥둥 떠다니는 플라스틱 쓰레기를 한곳에 모으면 한반도 면적의 7배에 달한대. 엄청나게 크지? 그래서 사람들은 플라스틱 섬을 '제8대륙'이라고 부르기도 해. 보통 아시아, 유럽, 아프리카, 북아메리카, 남아메리카, 오세아니아, 남극을 가리켜 7대륙이라고 하지.

지금은 '블루'로 불리지만, 바다에서 살 때 내 이름은 '바닷물 들이키다 숨넘어갈 뻔'이었어. 이름이 좀 길지? 다들 간단히 '숨'으로 불렀어. 옛날에 인디언들이 그런 긴 이름을 지어서 불렀다던데, 돌고래들끼리도 그렇게 이름을 지어 부르지.

왜 그런 이름을 갖게 됐냐고? 이야기하자면 좀 긴데, 아주 짧게 설명하자면 이래. 내가 어렸을 때 즐겨 놀던 맹그로브숲이 있었어. 맹그로브 나무 사이로 헤엄치며 놀았지. 맹그로브는 강가나 늪지에 뿌리를 내린 채 물속에서 자라는 나무거든.

하루는 그곳에서 놀다가 플라스틱 비닐을 잘못 삼킨 적이 있어. 처음에는 목으로 쑥 넘어갔다고 생각했는데, 비닐이 목에 콱 걸려 버린 거야. 숨이 점점 가빠 오더라. 어찌어찌해서 간신히 비닐을 토해 낸 덕분에 다행히 살 수 있었어. 진짜 죽는 줄 알았지.

그때 갖게 된 이름이야. 우리 돌고래들은 어릴 때는 부모님이 지어 준 이름으로 불리다가 살면서 아주 중요한 일을 겪으면 그때 자기가 직접 이름을 짓기도 해.

내 친구들 얘기를 해 줄까? 친구 중에 바다거북이 있어. 이름이 '혼자만 빨리 가픈 무슨 재민겨'인데, 친구들 사이에서는 '재미니'로 불리지. 재미니는 비닐을 해파리로 착각해서 먹곤 했어. 흰 비닐봉지가 해파리처럼 보였거든. 그래서 비닐봉지를 엄청 많이 먹었어.

"이 녀석아, 아무리 배가 고파도 아무거나 함부로 먹지 말라고 했지?"

엄마 바다거북은 재미니를 혼내기 바빴지.

"너 그러다 정말 큰일 나려고 그래?"

하루는 엄마 바다거북이 내 친구를 막 때리고 있더군.

"아야! 엄마, 잘못했어요."

엄마 바다거북은 커다란 앞발로 재미니 뺨을 마구 때렸어. 바다거북 앞발로 안 맞아 봤지? 커다란 앞발로 한 대 맞으면…… 아, 생각도 하기 싫다.

"슝, 말도 마. 진짜 엄청 아팠다니까."

볼이 퉁퉁 부은 친구는 날 붙잡고 하소연했어.

"내가 뭐, 비닐인 줄 알고 먹었나?"

엄마 바다거북이 왜 그렇게 화냈는지 이유를 모르겠지? 플라스틱을 잘못 먹으면 나처럼 질식해서 변을 당하기도 하지만, 많은 경우는 영양실조로 죽게 되지. 내 친구 향유고래 이야기를 들려줄게.

향유고래는 깊은 바다에서 사냥하는 커다란 고래야. 녀석의 생김새는 잠수함이랑 비슷해. 그래서 친구들 사이에서는 '꼬리 달린 잠수함'으로 불리지. 녀석 역시 쓰레기를 오징어나 물고기로 착각하고 삼키곤 했어.

"저기, 먹이가 엄청 많네. 얼른 가서 먹어야지!"

맛을 보면 알 텐데 맛없는 플라스틱을 왜 먹냐고? 향유고래들은 물과 함께 먹이를 그냥 삼켜 버리기 때문에 맛을 보고 골라 먹을 새가 없어. 녀석은 커다란 입을 벌려 바닷물과 함께 먹이를 집어삼키는데, 녀석 입으로 플라스틱이 마구 빨려 들어가지. 인간처럼 씹어 먹는 게 아니라 그냥 꿀꺽 삼키는 거야. 당연히 맛을 느낄 새도 없이 배 속으로 들어가겠지.

'꼬리 달린 잠수함'은 일찍 아빠를 여의었어. 아빠 향유고래는 멀쩡하게 잘 지내다가 갑자기 영양실조로 죽었어. 바닷속에 먹을거리가 넘치는데 영양실조라니? 나도 처음엔 이해가 안 됐어. 나중에 봤더니 아빠 향유고래 배 속에서 엄청나게 많은 플라스틱 쓰레기가 쏟아져 나왔다고 해. 많은 쓰레기가 배 속에 가득 차 있으니 늘 배가 부른 상태였겠지. 배가 부르다고 착각해서 더 이상 먹이를 먹지 않았던 거야. 실제로는 먹이를 안 먹고 부른 헛배였던 셈이야.

어떻게 그럴 수 있냐고? 너희 배 속에 플라스틱이 가득 들어 있다고 생각해 봐. 늘 배가 빵빵하고 속이 꽉 찬 느낌이라고 말이야. 무언가를 먹으면 속이 답답해서 더 이상 먹지를 못한다고. 아빠 향유고래가 바로 그런 상태였던 거야.

'꼬리 달린 잠수함'에게 그 얘기를 듣는데, 정말 슬펐어. 갑자기 눈물이 핑 돌아서 얼른 고개를 돌리고 물을 들이켰어. 물과 함께 눈물을 꿀꺽하고 삼켜 버렸어. 이제 엄마 바다거북이 왜 그렇게 화를 냈는지 이해되지?

물속 동물만 어려움을 겪는 건 아니야. 새들도 플라스틱 조각을 먹이인 줄 알고 낚아채 새끼에게 먹이지.

태평양에는 미드웨이(midway)섬이라는 곳이 있어. 'midway'는 '중간에'라는 뜻인데, 그 이름처럼 아시아와 북아메리카의 중간쯤에 위치한 섬이야. 크리스 조던이라는 사진작가가 이 섬을 배경으로 〈미드웨이: 자이어의 메시지〉라는 연작 작품을 내놓았어. 연작 작품이란 같은 제목과 주제로 연달아 내놓은 여러 작품을 뜻하지.

사진 작품은 간단해. 죽은 새를 찍은 사진들이지. 새들의 배 속에는 온갖 플라스틱 쓰레기들이 한가득 담겨 있어. 플라스틱 병뚜껑과 라이터, 작게 부서진 플라스틱 조각들……. 일부러 연출한 사진이 아니야. 실제로 플라스틱 쓰레기를 먹고 죽은 새들이지.

사진을 보고 있으면 '이게 진짜야?' 하는 생각이 들 정도야. 그래서 어떤 이들은 연출된 사진일 거라고 의혹을 제기하기도 해. 그런 의혹에 대해 크리스 조던은 단호하게 아니라고 말하지. "이 비극을 명확하게 전달하기 위해 나는 플라스틱 한 조각에도 손대지 않았다."라고 말했어.

크리스 조던은 한 인터뷰에서 이렇게도 말했어.

"다음 생에 앨버트로스로 태어나면 좋겠다. 그러면 새들에게 플라스틱을 먹지 말라고 말해 줄 수 있지 않을까?"

착한 마음을 가진 사진작가인 것 같지?

바다 동물들이 모르고 삼킨 플라스틱들은 배 속에서 소화되지도 썩지도 않아. 가짜 포만감, 질식, 기형…… 수많은 비극을 낳고 있어. 소화관이 막혀서 죽기도 하고. 매년 100만 마리의 바닷새와 10만 마리의 바다거북이 플라스틱을 먹고 죽는다고 해.

물고기들이 비닐을 오징어로 착각하고 새들이 플라스틱을 먹이로 착각하는 이유가 뭐냐고? 동물들이 멍청해서 그런 게 아니야.

생각해 봐. 바닷새가 하늘 높이 날다가 물 위에 둥둥 떠 있는 플라스틱을 보고서는 물고기로 착각하지 않겠어? 새들 입장에서 물 위에 둥둥 떠다니는 게 먹이 말고 또 뭐가 있겠어? 오랜 세월을 물 위에 둥둥 떠다니는 건 먹이라고 여기며 살아왔을 테니 말이야. 그러다 인간들이 수십 년 전부터 플라스틱을 마구 버리면서 쓰레기들이 물 위를 둥둥 떠다니기 시작했어. 완전히 새로운 세상이 되어 버렸지.

바닷새들은 물 위에 떠 있는 먹이를 잘 잡아먹을수록 더 잘 생존하게끔 진화해 왔어. 그게 그들의 '생존 법칙'이야. 그들이 그렇게 진화하는 데는 수십만, 수백만 년의 시간이 걸렸을 테지. 오랜 세월 검증이 된 그들 나름의 생존 법칙인 거야. 생존에 가장 적합한 방법이 무엇일까를 수백만 년 동안 수십만 세대를 거쳐 다듬어 온 결과지.

그런데 인간이 그 생존 법칙을 깨뜨리고 있지. 수십만 년 이상 이어져 온 생존 법칙을 고작 수십 년 전에 등장한 플라스틱이 뿌리부터 흔들고 있어. 그러니까 동물들이 멍청하다고 비난만 할 순 없지. 그렇게 말한다면 그들 입장에서 얼마나 억울하겠어?

바다를 삼킨 플라스틱

　먼 훗날 인류가 멸망한 뒤에 외계인이 지구를 찾았다고 가정해 볼까? 어쩌면 외계인들은 우리가 지층에서 화석과 유물을 캐내 시대를 구분하듯이 얇게 덮인 흙을 거두고 거기 묻힌 물건들로 우리를 규정할지도 몰라. 아마 거기에는 조류 뼈, 고무 가루, 블랙 카본, 플라스틱과 콘크리트가 층층이 쌓여 있을 거야. 조류의 뼈는 인류가 매년 600억 마리씩 잡아먹은 닭의 뼈야. 1950년대 이후 닭을 대량 사육하면서 치킨을 엄청나게 소비했거든. 고무 가루는 14억 대의 자동차가 달리면서 닳아 없어진 타이어 부스러기지. 블랙 카본은 화석 연료를 태우면서 나온 미세먼지가 쌓인 결과물이야. 플라스틱과 콘크리트는 달리 설명 안 해도 잘 알겠지?

　닭 뼈, 고무 가루, 블랙 카본, 플라스틱, 콘크리트 중에서 단연 눈에 띄는 게 무엇일까? 바로 플라스틱이지. 지금까지 인류가 생산한 플라스틱의 총량은 코끼리 10억 마리 무게를 넘어. 그렇다면 외계인은 우리를 이렇게 평가할지 몰라. "한때 이 행성에 살았던 지적 생명체는 석기 시대, 철기 시대를 거쳐 플라스틱 시대를 살다가 멸종한 것으로 보인다." 오늘날 우리가 살고 있는 시대가 바로 플라스틱 시대야. 인류를 '플라스틱 인류'라고, 지구를 '플라스틱 행성'이라고 말해도 될 정도지.

위대한 발명품

　방 안과 거실을 둘러보거나 화장실을 들여다봐도 온통 플라스틱이지. 금속과 나무 등이 일부 보이지만, 거의 대부분 플라스틱이야. 잘 보면 금속과 나무조차 플라스틱이 일부 붙어 있거나 플라스틱을 변형해서 만든 거지. 예를 들어 가구를 볼까? 원목 가구가 아니라면 합판에 나무 무늬의 필름을 붙여 놓았을 거야. 그 필름은 'PET 필름'이라고 해서 플라스틱의 일종이지. 플라스틱으로 만든 물건을 집에서 다 치운다면 집 안이 텅텅 비어 버릴걸.

　단추, 머리빗, 보석함, 만년필, 당구공 같은 것들은 한때는 사치품이었어. 코끼리 상아로 만들었거든. 비싼 상아 대신 플라스틱으로 만들어지면서 가격이 싸지고 대중화될 수 있었지. 플라스틱은 값싸고 가볍고 튼튼해서 '기적의 소재'로 불렸어. 플라스틱은 성분에 따라 유연성과 탄력성, 강도 등을 조절해서 만들 수 있기에 무궁무진하게 쓰이지. 플라스틱이라는 말도 그리스어 'plastikos'에서 왔는데, '성형이 가능한'이라는 뜻이야.

플라스틱은 제2차 세계 대전 이후 널리 쓰이기 시작해서 80여 년 만에 철, 나무, 종이, 유리, 섬유의 상당 부분을 대체했어. 플라스틱 덕분에 인류는 편리하고 풍족한 생활을 누릴 수 있었어. 페트병, 비닐봉지, 테이크아웃 컵, 빨대, 랩, 포장지, 비닐장갑, 우산 비닐, 일회용 수저와 접시 말고도 심지어 약품, 치약, 세제, 화장품, 세안(샤워) 용품 등에도 플라스틱이 들어가지. 세안(샤워) 용품에 왜 플라스틱이 들어가냐고? 각질을 제거하거나 미백 효과 때문이야.

넘쳐나는 플라스틱 쓰레기

플라스틱이 많이 쓰이는 만큼 플라스틱 쓰레기도 많이 나오지. 해마다 수백만 톤 이상의 플라스틱 쓰레기가 바다로 흘러들어. 2015년 발표된 미국 조지아대학교의 제나 잼벡(Jenna R. Jambeck)의 보고서에서는 전 세계적으로 매년 약 2억 7500만 톤의 플라스틱 쓰레기가 발생하며 그중 480만~1270만 톤이 바다로 흘러간다고 추정한 바 있어.

2015년의 연구 내용이니까 지금은 그때보다 더 많다고 가정해서 대략 1300만 톤의 플라스틱 쓰레기가 버려진다고 해 보자. 1분마다 쓰레기 트럭 한 대가 바다에 플라스틱을 쏟아 버리는 것과 같아. 1300만 톤이 어느 정도냐고? 너희 몸무게를 35킬로그램 정도라고 한다면 3억 7100만 명의 어린이 무게에 해당하지. 어마어마하게 많은 플라스틱이 사용되고 버려지고 있는 거야.

한국의 상황은 어떨까? 2016년 한국인 1인당 연간 플라스틱 소비량은

98.2킬로그램이야. 놀랍게도 세계 1위지. 미국은 97.7킬로그램, 프랑스는 73킬로그램, 일본은 66.9킬로그램에 불과해. 2017년 한 해 동안 한국인이 사용한 비닐봉지는 220억 장이야. 이를 전체 인구수로 나누면 국민 한 명당 사용량이 420장이 되지. 그런데 핀란드인 한 명이 1년에 사용하는 비닐봉지 개수는 4장에 불과해. 한국인이 핀란드인보다 100배나 더 많이 사용하는 거야. 일회용 빨대 연간 소비량은 최소 1억 개에 달해.

플라스틱으로 가득한 바다

1997년 하와이에서 열린 요트 경기에 참여해 북태평양을 지나가던 찰스 무어는 푸른 바다 위에 떠 있는 거대한 무언가와 마주했어. 가까이 가서 보니 쓰레기 더미였어. 대부분이 플라스틱 쓰레기였지. 이른바 플라스틱 섬이야.

태평양에 둥둥 떠다니는 플라스틱 쓰레기를 그러모으면 한반도 면적의 7배에 달한대. 엄청나게 크지? 그래서 사람들은 플라스틱 섬을 '제8대륙'으로 부르기도 해.

1초당 전 세계 비닐봉지 사용량은 16만 장에 달해. 그중에 상당수가 바다로 흘러가지. 이로 인해 매년 수십 만 마리의 해양 생물이 목숨을 잃고 있어. "지금 노력하지 않으면 2050년 바다에는 해양 생물보다 플라스틱이 더 많아질 것이다." 이는 2017년 세계경제포럼에서 나온 경고야. 해양 쓰레기가 초래할 미래에 대한 경고지. 해양 쓰레기는 해양 생물뿐 아니라 인류의 생존도 위협할 거야. 경고를 흘려듣지 말아야 할 이유야.

미세플라스틱의 역습

어마어마한 양의 플라스틱이 바다로 흘러들지만 바다 위에 둥둥 떠 있는 양은 전체 유입량의 0.5퍼센트도 되지 않아. 나머지는 어디에 있을까? 몇 가지 경우를 생각해 볼 수 있는데, 플라스틱이 바다로 흘러갔다가 다시 해안가로 나오거나, 작은 미생물이 달라붙어 바다 밑으로 가라앉거나, 작게 부서져 물속을 떠다니거나. 모두 가능한데, 작게 부서져 물속을 떠다니는 플라스틱이 가장 많지.

플라스틱은 햇볕과 파도에 의해 잘게 부서져 작은 알갱이가 되는데, 그게 바로 미세플라스틱이야. 크기가 5밀리미터 이하인 플라스틱을 미세플라스틱이라 부르지. 물론 더 작은 미세플라스틱도 있어. 1밀리미터 이하인 것은 '마이크로비드'로 분류하기도 해. 미세플라스틱은 작은 플라스틱 알갱이지. 빨래할 때 쓰는 섬유유연제 등에 들어 있는 미세플라스틱도 있고, 플라스틱 조각이 시간이 흘러 잘게 부서지고 쪼개져 만들어진 미세플라스틱도 있어.

온 바다에 미세플라스틱이 가득해서 미세플라스틱을 먹지 않은 바다 생물이 거의 없을 정도야. 물고기 몸에 차곡차곡 쌓인 미세플라스틱은 결국 우리의 식탁에까지 오르게 되지.

우리 몸을 공격하는 환경 호르몬

지금까지 65년 동안 인류가 생산한 플라스틱양은 83억 톤이야. 어느 정도인지 감이 안 오지? 무려 코끼리 10억 마리의 무게야. 그중에서 절반 정도가 2000년 이후에 생산된 거래. 많은 플라스틱이 짧은 시간 사용되고 엄청나게 버려지지. '생산은 5초, 사용은 5분, 분해는 500년'. 플라스틱과 관련된 유명한 말이야. 비닐봉지가 완전히 분해되려면 500년이 걸리고, 게다가 분해되더라도 인체에 해로운 독성이 남을 수 있어. 소화장애, 섬유증, 암 등이 우려되지.

대표적 문제는 내분비계 교란이야. 호르몬이라고 들어 봤지? 몸속에서 분비되는 물질인데, 몸속 기관의 활동을 돕거나 억제하는 역할을 하지. 키가 자라고 몸이 커지는 것도 호르몬 덕분이야. 성장 호르몬이 나와서 뼈의 길이를 늘리고 근육을 키워 주거든. 어른과 어린이는 몸이 다르잖아? 키만 다른 게 아니라 생김새가 다르지. 남자는 수염이 나고 목젖이 나오고, 여자는 가슴이 나오고 엉덩이가 커지지. 이런 걸 조절하는 호르몬이 성호르몬이야.

그런데 플라스틱에서 호르몬과 비슷한 물질이 나온다는 거야. 몸속에서 자연스럽게 나오는 호르몬이 아니라, 인간이 만든 물질이 호르몬처럼 작용한다고 해서 이를 '환경 호르몬'이라고 불러. 플라스틱에서 나오는 물질은 정상적인 호르몬 분비 작용을 방해해서 여러 문제를 일으키지. 기형아를 낳게 한다든지, 불임을 유발한다든지, 여자아이가 남자아이보다 많이 태어나게 한다든지 등등.

우리가 할 수 있는 일들

플라스틱을 줄이기 위해 실생활에서 우리가 실천할 수 있는 일은 많지.

먼저 플라스틱을 재활용하기 위해 분리해서 버리는 일이 중요해. 이를 '분리배출'이라고 부르지. 분리배출을 어떻게 하냐고? 간단해. 제품 뒷면에 보면 이런 표시들이 있을 거야. 화살표가 시계 방향으로 돌고 있지. 분리배출을 하면 자원을 재활용할 수 있다는 뜻이야. 이런 표시가 찍힌 쓰레기를 공공장소에서 재활용 쓰레기함에 버리고, 집에서는 분리배출을 하면 돼.

일회용품 사용도 줄여야 해. 플라스틱 병이나 플라스틱 컵 대신 물병이나 텀블러를 가지고 다니면 되지. 일회용품을 마구 쓰는 테이크아웃을 아웃, 즉 퇴출시켜야 해. 비닐봉지도 많이 쓰는데, 비닐봉지 대신 장바구니를 활용하면 좋아. 가정에서 많이 사용하는 일회용품 중에는 일회용 비닐장갑도 있지. 이를테면 나물을 무칠 때 비닐장갑 대신 맨손으로 무치면 좋아. 우산 빗물받이용 비닐 대신에 빗물을 잘 털고 우산꽂이에 넣어 두든지, 아니면 우산을 사면 딸려 오는 우산 주머니에 넣으면 좋겠지.

일회용 빨대를 어쩔 수 없이 사용해야 한다면 플라스틱 빨대 대신 종이 빨대를 쓰는 게 낫지. 물론 종이를 만들려면 나무를 베야 해. 종이 빨대가 플라스틱 빨대보다 나을 수 있지만, 종이 빨대도 자연을 훼손하는 면이 있으니까 가급적 쓰지 않는 게 최선이야. 나무로 만드는 것들 중에선 나무 젓가락 대신 쇠젓가락, 휴지 대신 손수건, 일반 종이 대신 재생 종이 등을 사용하면 좋을 거야. 이런 작은 실천들이 모여 큰 변화를 만들지.

　소비자뿐 아니라 생산자의 역할도 중요해. 쓰레기 문제를 소비자 중심에서 생산자 중심으로 이해할 필요가 있지. 지금까지 우리나라는 소비자 개인에게 모든 책임을 떠넘겼어. 분리배출의 부담을 전적으로 소비자 개인에게 떠넘긴 점이 그래. 이제는 생산자에게도 공동 책임을 지우는 쪽으로 초점을 옮겨야 해. 소비자가 분리배출과 재활용에 힘쓰는 노력도 중요하지만, 생산자는 상품을 만들 때부터 재활용이 쉽도록 고려해야겠지.

사람과 자연은 하나

　인간의 몸은 70퍼센트가 물로 이루어져 있어. 걸어 다니는 물주머니라고 해도 될 정도지. 생명과 물은 밀접한 관련이 있어. 물이 곧 생명이야. 그렇게 중요한 물이 심각하게 오염되고 있어. 물이 오염되면 사람도 오염되지. 환경과 사람을 분리해서 생각할 수 없어. 사람과 동물, 환경의 건강이 하나로 이어져 있어 서로 큰 영향을 준다는 '원헬스(One Health, 하나의 건강)' 개념이 주목받고 있어. 사람이 버린 플라스틱이 바다와 해양 생물의 건강을 해친 뒤 결국 사람의 건강을 위협하는 상황도 '원헬스'를 뒷받침하지.

우리는 이 땅을 조상에게서 물려받은 게 아니라
후손에게 빌린 것이다.

−생텍쥐페리

2

기후위기

미래를 위한 금요일

"우리 지구의 가장 위대한 변호인."

오바마 전 미국 대통령이 저를 그렇게 표현했더군요. 좀 쑥스럽지만, 맞습니다. 저는 고통받는 지구의 변호인입니다. 다만 수많은 어린이, 청소년과 함께요.

아, 제 인사가 빠졌군요. 안녕하세요? 그레타 툰베리라고 합니다. 저는 스웨덴에 살고 있고, 동물을 사랑하는 평범한 소녀입니다. 저는 2003년 스웨덴에서 태어났어요.

길지 않은 제 삶에서 빠질 수 없는 게 환경 운동이에요. '기후 변화'라는 말을 처음 들은 건 여덟 살 때였어요. 그때는 자세히 알지는 못했던 것 같아요. 그러다 열한 살 때부터 기후 위기 문제가 아주아주 심각하다는 사실을 깨닫기 시작했지요. 그즈음에 빙하 해빙을 다룬 다큐멘터리를 봤어요. 굶주린 북극곰들이 먹을 것을 찾아 떠돌아다니는 모습에 충격을 받았죠. 북극곰은 어찌나 말랐던지 뼈만 남아 앙상한 모습이었어요. 다큐멘터리를 보는 내내 울었답니다. 앙상하게 마른 북극곰의 모습이 머릿속에서 지워지지 않았습니다.

그들의 고통이 제 고통 같았어요. 밥이 안 넘어가고 말이 안 나왔어요. 몸무게가 10킬로그램이나 빠졌죠. 저는 무서운 공감에 압도되고 말았답니다. 그러다 침묵 속에서 굶어 죽느니 차라리 싸워 보기로 했어요. 어른들이 환경 문제를 해결하기 위해 나서지 않는다면 아이들이 나서서 요구할 수밖에 없다고 생각했어요.

열다섯 살에는 금요일마다 스웨덴 국회의사당 앞으로 가서 1인 시위를 벌였습니다. '기후를 위한 등교 거부'라고 쓰인 피켓을 들고요. 2018년 8월 20일이었죠. 책임 있는 정치인들이 기후 변화에 더 적극적으로 대응할 것을 촉구하기 위해서였습니다.

그때 저는 고등학생이었는데요. 처음에는 학교 친구들에게 등교 거부 시위를 함께하자고 제안했습니다. 그러나 아무도 참여하지 않더군요. 어쩔 수 없이 혼자서 시작하기로 했죠. 스웨덴 의회 앞으로 가서 1인 시위를 시작했습니다. 기성세대, 특히 정치인들을 향해 "우리의 미래를 돌려 달라."라고 요구하며 지금도 금요일마다 학교에 가지 않고 시위를 벌이고 있습니다.

그들이 우리의 미래를 빼앗아 갔냐고요? 저는 그렇게 생각합니다. 정치인, 기업가 등이 자신들의 이익을 위해서 지구를 병들게 했다고 말입니다. 탐욕이 지구를, 우리의 미래를 망쳐 버렸습니다. 학교 가기 싫어서, 공부하기 싫어서가 아닙니다. 미래를 원하기에 등교를 거부하는 겁니다.

제 주장은 간단합니다. 전 세계의 지도자들이 기후 변화의 심각성을 직시하고 온실가스 배출을 줄이기 위한 과감한 정책을 펴라는 거죠. 온실가스가 뭔지 알죠? 지구를 뜨겁게 만드는 기체 말입니다. 석유나 석탄 같은 화석 연료를 태울 때 나오는 이산화탄소가 대표적이죠.

또한 일반 시민들은 나무를 심고 소비를 줄이는 등 지구를 지킬 방법을 실천하자는 겁니다. 어려운 일일까요? 시작이 어렵지, 막상 시작해 보면 그리 어렵지 않답니다. 저는 어떻게 시작할 수 있었냐고요. 아마도 제가 던진 이 질문에서 시작하지 않았나 싶어요.

"자연의 일부인 우리가 자연으로부터 분리된 채 과연 이대로 삶을 지속할 수 있을까?"

제 목소리가 가닿은 곳은 어른들이 아니라 저와 같은 청소년들이었답니다. 2019년 3월 15일 금요일, 전 세계 100여 개국의 2000여 개 도시에서 150만 명의 청소년들이 '기후를 위한 등교 거부'에 동참했답니다. 이런 움직임은 2019년 9월에 벌어진 전 세계 기후 파업(Climate Strike)을 불러일으켰지요.

유엔 기후 주간인 2019년 9월 21일부터 27일까지 일주일간 기후 파업이 벌어졌어요. 아마 기후를 위해서 사람들이 파업을 한 건 최초가 아니었을까 싶어요. 파업 마지막 날인 9월 27일 전 세계에서 동시다발적으로 열린 시위에 수백만 명이 참가했답니다. 그들은 한목소리로 "또 다른 행성은 없다(No Planet B)."라고 외쳤어요. 우리가 사는 지구 별 말고 인류가 살 수 있는 또 다른 행성은 없다는 뜻이에요.

처음에는 혼자만의 외로운 싸움이었죠. 그러다 저의 싸움이 점점 알려지면서 등교 거부 시위가 유럽 전역으로 퍼졌고, 지금은 전 세계 청소년과 시민사회로 커지고 있답니다. 너무 작아서 세계를 바꾸지 못하고 영향을 줄 수 없는 사람은 없답니다. 그러니 자기 자리에서 자기가 할 수 있는 일을 해야 합니다.

크고 거창한 일이 아닙니다. 소비를 줄이고 자원을 아끼는 일입니다. 또한 정치인들이 팔을 걷어붙이고 나설 수 있도록 독려하는 일입니다. 물론 어려움도 있을 거예요. 제 경우에도 크고 작은 어려움이 있었답니다.

2019년 7월 프랑스 의회에서 연설할 기회가 있었어요. 몇몇 의원들은 저를 못마땅하게 생각했는지 참석하지 않았습니다. 저에 대한 조롱도 잊지 않았죠. "툰베리와 관련된 문제는 그 아이가 학교 가기를 싫어한다는 것."이라고 주장하며, "학교를 결석하고 수업을 빼먹는 것이 더 임박한 재앙."이라고 공격했답니다. 제가 기후 변화가 커다란 재앙이라고 말하는 것을 비꼰 거죠. 프랑스에서만 그런 게 아닙니다.

그해 10월엔 이탈리아 로마의 한 다리에 저를 닮은 인형이 목을 매단 채 걸려 있었죠. 아마 저에 대한 공개적인 협박이었을 테죠.

2019년 9월에는 미국 뉴욕에서 열리는 환경 회의에 가게 되었는데, 그곳에서 트럼프 미국 대통령이 저를 조롱했답니다. 트위터에 제가 "밝고 멋진 미래를 고대하는 매우 행복한 어린 소녀처럼 보인다."라고 썼더군요. 제가 암울한 미래를 얘기하는 게 못마땅했던 모양입니다. 아마도 트럼프 대통령은 '기후 변화는 사기다.'라고 말하고 싶었던 건지도 몰라요.

2019년 1월 말, 트럼프 대통령은 트위터에 "제기랄, 지구 온난화는 어찌 된 거냐? 제발 빨리 돌아와라, 지금 필요하다고!"라는 글을 남긴 적이 있거든요. 때마침 미국은 체감 온도가 영하 50도까지 떨어지는 기록적인 한파에 몸살을 앓고 있었죠. 트럼프 대통령은 지구 온난화가 사실이라면 이렇게 추울 리가 없다고 말하고 싶었던 거겠죠.

제가 볼 때 트럼프 대통령은 하나만 알고 둘은 모르는 사람입니다. 지구 온난화로 지구 기온이 올라간다고 해도 365일 더운 건 아니랍니다. 오히려 겨울에는 한파가 더 찾아오게 되죠. 여러 이유가 있는데, 한 가지만 설명하면 이렇습니다.

북극의 찬 공기를 가두는 제트 기류라는 게 있어요. 북극 둘레를 빠르게 돌면서 북극의 찬 공기를 잡아 두는 역할을 하죠. 그런데 지구 온난화가 심해질수록 제트 기류가 약해지면서 북극의 찬 공기가 아래쪽으로 밀려 내려올 때가 있답니다. 여름에 내려오면 평소보다 좀 선선한 여름이 되고, 겨울에 내려오면 한파가 이어지게 되죠.

트럼프 대통령은 2017년 취임 직후 파리기후협약을 탈퇴하겠다고 선언했어요. 이로써 미국은 협약에서 탈퇴하게 되죠. 파리기후협약은 2015년에 세계 각국이 온실가스 감축을 실천하자고 합의하여 마련한 약속이랍니다. 기후 위기를 넘어서기 위해서는 꼭 필요한 약속이죠. 그 약속을 미국이 일방적으로 깨 버린 거예요.

미국은 엄청나게 많은 에너지를 쓰는 나라입니다. 따라서 지구 온난화에 대한 책임이 매우 큰 나라이기도 하죠. 그런 나라의 대통령이 기후 변화를 부정하면서 이전 정부에서 마련해 놓은 기후 변화 대응 정책들을 모두 뒤엎은 거예요. 하지만 2021년 1월, 새로 취임한 조 바이든 미국 대통령은 취임 후 첫 업무로 파리기후협약 복귀에 서명했답니다. "우리는 이제껏 하지 않았던 방식으로 기후 변화와 싸우겠다."라면서 트럼프 대통령이 뒤엎은 기후 변화 정책을 원래대로 돌려놓는 작업을 하고 있어요.

기후 위기를 부정하는 정치인들에게 저는 이렇게 말합니다.

"우리, 젊은 세대의 말을 듣지 않으셔도 됩니다. 다만 과학자들의 말은 들으셔야 합니다. 그것이 우리가 요구하는 전부랍니다."

제가 새로운 과학적 사실을 밝혀냈을까요? 그래서 전 세계의 수많은 청소년이 제 목소리에 귀 기울이고 저와 함께 행동하는 걸까요? 전혀 그렇지 않습니다. 저는 과학자들이 오래전부터 경고해 왔던 내용을 말하고 있을 뿐입니다.

많은 기후학자가 기후 위기를 심각하게 우려하고 있어요. 과학은 우리가 나아가야 할 길을 분명히 알려 주었어요. 우리 손에는 이미 해결책이 주어져 있답니다. 지금 우리가 해야 할 일은 단 하나뿐입니다. 정신 차리고 행동에 나서는 것뿐이죠.

저는 제 앎과 삶을 일치시키려고 노력합니다. 말만 번지르르하게 하는 사람이 아니라 말한 대로 사는 사람이 되려고 노력하죠. 그래서 2019년 9월 뉴욕 환경 회의에 참석하러 갈 때는 소형 요트를 타고 갔답니다. 태양광 패널과 수중 터빈을 이용한 작은 배였죠. 이 작은 배에는 화장실이 없어서 배 안에 비치된 양동이로 용변을 해결했어요.

이렇게 영국 플리머스에서 미국 뉴욕까지 4900킬로미터를 2주에 걸쳐 횡단했지요. 비행기를 타고 가면 10시간 안에 갈 수 있는 거리죠. 그런데 비행기 대신 소형 요트를 타고 간 이유가 뭐냐고요? 비행기나 큰 유람선 등은 배기가스를 대량으로 내뿜거든요. 사람들에게 온실가스를 줄이자고 주장하면서 정작 내가 조금 편하자고 온실가스를 많이 배출하는 비행기를 탈 순 없죠.

2019년 4월 19일에는 이런 일도 있었답니다. 로마 포폴로 광장에서 연설을 하려는데, 수천 명이나 되는 사람들이 몰려왔죠. 평소보다 좀 더 큰 마이크와 스피커가 필요했답니다. 마이크와 스피커 전력은 집회에 참석한 사람들이 128대의 자전거 페달을 밟으며 돌린 발전기에서 생산했어요.

우리 가족들도 저와 함께 환경 보호에 힘쓰고 있어요. 뉴욕으로 올 때는 아빠와 함께했어요. 아빠 스반테는 배우로 일하고 있죠. 환경 문제에 눈을 뜬 뒤로는 전기차를 몰고 있답니다. 엄마는 유명한 오페라 가수인데요, 비행기를 타지 않기 위해 해외 공연을 포기했답니다. 그리고 가족 모두가 육식 대신 채식을 하고 있어요.

육식은 여러모로 문제가 많아요. 육식을 위해 엄청나게 많은 가축이 길러진답니다. 공장식 축산이라고 부르죠. 그 속에서 동물들은 많은 고통을 당합니다. 좁고 더러운 축사에서 평생을 지내야 하는 가축은 생명이 아니라 기계에 가깝죠. 젖을 짜내는 기계, 달걀을 생산하는 기계, 살코기를 만들어 내는 기계…… 오직 식재료로 제공되기 위해 길러지는 기계랍니다.

또한 육식은 지구 환경에도 나쁘지요. 축산 분야에서 나오는 온실가스는 전체 온실가스 배출량의 15퍼센트나 차지하거든요. 이게 어느 정도 양인지 비유를 통해 살펴볼게요. 전 세계에서 기르는 소를 다 모아 나라를 만든다면, 그 나라의 온실가스 배출량이 중국(20.09%)과 미국(17.9%)에 이어 세계 3위가 된답니다. 더욱이 소가 트림과 방귀 등을 통해 내뿜는 메탄가스는 온실 효과가 이산화탄소보다 25배나 더 크지요. 육식이 지구에 치명적이라는 걸 알 수 있죠.

제 조상 중 한 분인 스반테 아레니우스는 1903년에 노벨 화학상을 받았답니다. 그분은 지구 온난화에 대해 연구하셨죠. 화석 연료 사용이 지구 온난화에 큰 영향을 미친다는 내용을 최초로 밝혀내셨어요. 그분의 연구가 1960년 지구 온난화 초기 연구의 기초가 되었답니다. 그래서 아주 자랑스러워요. 그분의 삶과 제 삶이 마치 단단한 끈으로 연결돼 있다는 생각이 들기도 해요.

사실 저는 병을 가지고 있답니다. 아스퍼거 증후군이라는 병이에요. 처음 아스퍼거 증후군 진단을 받았을 땐 많이 혼란스러웠습니다. 나는 비정상일까? 정신적으로 문제가 있는 걸까? 그런 생각들이 저를 괴롭혔어요.

"그런 거 아니야. 남들과 조금 다를 뿐 비정상은 아니야."

부모님은 늘 그렇게 말씀해 주셨어요. 오히려 남들보다 더 솔직하고 정의감도 강하다며 아스퍼거 증후군이 단점이 아니라 장점일 수 있다고 저를 다독여 주셨습니다. 뉴턴, 베토벤, 안데르센, 다윈, 아인슈타인 등도 아스퍼거 증후군을 안고 살았다는 말씀도 덧붙이셨죠.

"너는 초능력을 가진 기적 같은 존재야."

부모님의 그 말이 진심이었는지 아니었는지 모르겠지만, 저는 그 말을 진실로 믿었어요. 분명 부모님도 진심으로 그렇게 말씀해 주셨을 겁니다. 그 말을 믿으며 더욱 나답게 살려고 했던 것 같아요. 그래서 더 오해를 받았을 수도 있고요. 너무 솔직하고 직설적이라서요.

아스퍼거 증후군 덕분에 저에겐 '중간' 같은 게 없답니다. 중간이 없다는 게 무슨 뜻이냐고요? 음, 그러니까 대충 타협하거나 그러지를 못한다는 거예요. 아닌 건 아닌 거고, 행동해야 한다면 행동해야죠. 아스퍼거 증후군이 저를 남들과 '다르게' 만든 것은 분명 사실입니다. 그러나 저는 이것을 '초능력'으로 받아들이고 있답니다.

제 병을 가지고 공격하는 사람들이 있습니다. 제가 정신적으로 병든 소녀라고요. 광기, 히스테릭, 관종* 같은 표현이 온라인에 넘치죠. 이들은 장애, 여성, 어린이라는 '다름'을 혐오의 먹잇감으로 삼는답니다. 저는 그런 비난과 공격에 굴하지 않습니다. 저는 당신이 장애인이라서, 여성이라서, 어린이나 청소년이라서 혐오의 대상이 된다면 이렇게 말해 주고 싶어요.

"혐오자들이 당신의 외모, 혹은 남들과 다른 점을 지적하기 시작했다면 이는 그들이 막다른 골목에 있다는 뜻이다. 당신이 이기고 있는 것이다!"

저는 미치지 않았습니다. 또한 누군가의 관심과 사랑을 받고 싶어서 이러는 것도 결코 아닙니다. 다만, 우리의 미래를 되찾고 싶을 뿐이에요. 그게 전부입니다. 지금으로부터 10년 뒤면 기후가 돌이킬 수 없을 만큼 위태로워진다고 해요. 이건 과장이 아니라 과학입니다. 수많은 과학자가 오래전부터 경고했던 바죠. 제발 눈을 감고 귀를 닫지 마세요. 조금만 관심을 가지면 당신도 진실을 볼 수 있습니다.

10년 뒤면 저는 스물일곱 살이 됩니다. 저의 스물일곱 살은 아름다운 시절이 될까요? 그렇지 않을 겁니다. 몇몇 소수의 사람들이 상상하기 어려울 정도로 많은 이득을 취하기 위해서 우리의 미래를 팔아 버렸기 때문이죠. 그들이 우리의 미래를 훔쳐 갔습니다. 국제구호기구 옥스팜에 따르면, 세계 최고 부자 26명의 재산이 하위 인구 38억 명의 재산과 같아요.

우리에겐 분명 희망이 필요합니다. 하지만 희망보다 더 중요한 건 행동입니다. 행동하기 시작하면 희망은 어디에나 있으니까요. 그러니 희망을 찾아 나서기보다 먼저 행동하세요!

세상을 바꾸는 데 당신은 결코 작지 않습니다.

✽ 남에게 관심받고 싶어 하는 사람, 즉 '관심 종자'를 줄여서 관종이라 불러.

갈수록 뜨거워지는 지구

태양계에 있는 8개 행성 중 가장 뜨거운 행성은 금성이야. 금성은 표면 온도가 섭씨 460도에 달하거든. 태양에 가장 가까이 있는 행성은 수성인데, 금성이 수성보다 더 뜨겁지. 금성이 가장 뜨거운 이유는 대기가 매우 두꺼운 이산화탄소층으로 이루어져 있기 때문이야. 지구는 금성과 달리 뛰어난 온도 조절 장치를 가지고 있어. 바로 전 지구적인 탄소 순환 체계야. 이산화탄소가 한없이 많아지는 걸 방지해서 온도를 일정하게 유지하는 거지. 문제는 이 체계가 갈수록 망가지고 있다는 거야.

이산화탄소가 조금만 많아져도 지구는 더워지고 기후는 불안정해지지. 산업 혁명 이후로 인간이 석탄· 석유 같은 화석 연료를 많이 태우면서 엄청난 양의 이산화탄소가 발생했어. 산업화 초기에 이산화탄소 농도는 280피피엠(ppm)이었고 1992년에는 356피피엠이었어. 현재 수준으로 해마다 이산화탄소 농도가 2~3피피엠씩 상승한다면 2100년에는 936피피엠에 도달하고, 지구 평균 온도는 3.7도 오를 것으로 예상하고 있지. 이제 기후 위기는 먼 내일의 일이 아니라 지금 당장의 '내 일'이 됐어.

지구 기온이 오른다

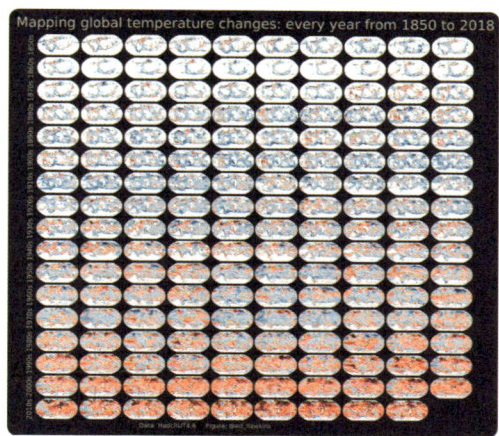

1850년부터 2018년까지 전 세계의 온도 변화 지도

영국 레딩대 기후학자 에드 호킨스가 1850년부터 2018년까지 169년간 전 세계 온도를 세계 지도 형태로 만든 자료야. 붉은색이 도드라질수록 기온이 높아진 것으로 볼 수 있어. 맨 윗줄이 1850년대에 속하고 맨 아랫줄이 2010년대에 속하는데, 해를 거듭할수록 지구의 기온이 올라간다는 걸 한눈에 확인할 수 있지. 최고 기온 기록은 21세기 들어 2005년, 2010년, 2014년, 2015년, 2016년 등 다섯 차례나 깨졌어.

지구상에는 총 5번의 대멸종이 있었어. 마지막 대멸종은 2억 5200만 년 전에 일어났지. 온실가스가 지구의 기온을 5도 상승시키면서 대멸종이 시작됐어. 기온 상승으로 북극의 얼음층이 녹으면서 메탄이 공기 중으로 퍼졌고, 그로 인해 기온이 더 오르자 지구 생명체가 대거 사라졌지. 산업

화 시대 이전의 평균 기온과 비교하면 현재 지구 평균 기온은 약 0.87도 상승했어. 5도와 비교하면 0.87도 상승은 낮아 보이지?

지구 온도 상승의 악순환

2015년 프랑스 파리에서 세계 정상들이 이산화탄소 배출에 대한 국제 협약을 체결했어. 이를 '파리기후협약'이라고 부르는데, 그때 전 세계가 합의한 목표가 2도 이내 상승이었지. 인류가 힘을 합쳐 이산화탄소를 전혀 배출하지 않는다 해도 2도를 넘은 다음에는 아무 소용이 없어. 그때는 이미 늦지. 2도를 넘게 되면 지구 기온은 돌이킬 수 없게 되고, 인간 활동과 상관없이 지구가 스스로 온도를 올리게 되거든.

예를 들어 기온이 올라서 빙하가 녹으면 그 자리는 바다가 되겠지. 물은 얼음보다 태양열을 더 많이 흡수해. 태양 빛을 반사하는 비율을 반사율이라 하는데, 수면의 반사율은 2퍼센트밖에 안되지만 얼음은 45퍼센트에서 85퍼센트나 되거든. 영구 동토층*도 녹고 있어. 영구 동토가 녹으면 그 안에 있는 메탄가스가 뿜어져 나오지. 북극에만 1조 1000억 톤의 탄소가 묻혀 있는데, 이는 현재 공기 중에 있는 탄소량의 2배에 달해. 기온이 오르면 그 때문에 기온이 더 오르는 악순환이 일어나는 거야.

지금까지 기온 상승을 2도 아래로 제한하면 지구 생태계가 그럭저럭 유지될 것으로 기대했는데, 이후 발표된 연구들은 2도도 높다는 결론에 이르지. 그래서 IPCC(기후 변화에 관한 정부 간 협의체)*에 새로운 연구 결과들을 반영한 특별 보고서를 요구했고, IPCC의 과학자들은 1.5도로 제한

하지 않으면 지구는 회복 불가능한 상태가 될 수도 있다고 발표했어. 지구 온난화를 염려하는 사람들 중에도 1.5도까지는 아직 시간적 여유가 있다고 생각하기도 하는데, 결코 그렇지 않아. 지금처럼 이산화탄소를 쏟아 낸다면 2031년에 닥칠 일이야.

지구 온난화로 인한 식량 부족과 난민

지구의 기온이 올라가는 속도가 점점 빨라지고 있어. 현재 지구 온도는 100년 전보다 0.87도, 약 1도가 올랐어. 그런데 온난화가 지금 속도로 진행되면 10~15년 사이에 지구 온도는 1.5도 이상 오르게 되지. 2030년 이후야.

IPCC는 지구 온난화로 인한 폭염, 폭우, 가뭄, 해수면 상승 등으로 사람과 생태계에 큰 위기가 닥칠 거라고 경고하지. 식량 자원이 크게 줄어 굶주리는 사람이 더욱 늘고, 식물, 곤충, 척추동물의 서식지가 줄어들 거라는 경고야.

지구가 뜨거워져서 사막화가 진행되면 물이 줄어들고 식량 생산도 감소하지. 기온이 1도씩 오를 때마다 농업 생산량은 10퍼센트 이상 떨어진다고

✽ 동토(凍土)는 얼어 있는 땅을 가리키지. 언 땅은 봄이 되면 다시 녹기 마련이야. 그런데 해가 바뀌어도 녹지 않는 땅이 있어. 그곳을 영구(永久) 동토라고 불러. 2년 이상 땅의 온도가 0도 이하로 유지되는 지역이지. 남극, 북극에 가까운 지역이 바로 영구 동토야. 지구를 반으로 나눴을 때 위쪽을 북반구라고 하지? 북반구 땅의 24퍼센트가 영구 동토일 정도로 넓어.

✽ 세계기상기구(WMO)와 유엔환경계획(UNEP)이 공동으로 세운 유엔 산하 국제 협의체야. 이름에서 알 수 있듯이 기후 변화를 다루는 정부 간 협의체이자 가장 권위 있는 과학자 모임이지.

해. 그 이유는 사막화가 확산되면서 농사지을 땅이 줄고, 기온 상승으로 곤충들의 활동이 활발해져 병충해 피해가 커지기 때문이야. 21세기 말이 되면 50퍼센트 줄어든 식량으로 50퍼센트 늘어난 인구를 먹여 살려야 한대. 그러니까 지금은 식량을 100만큼 생산해서 100명이 나눠 먹는다면, 21세기 말에는 50을 생산해서 150명이 나눠 먹는다는 뜻이야.

물과 식량을 찾아 사람들이 살던 곳을 떠나게 돼. 2015년부터 유럽을 휩쓴 난민 문제도 이와 관련되지. 한 해에 수십만 명의 난민이 지중해를 건너 유럽으로 넘어오고 있어. 표면적인 이유는 내전 때문이지만, 그 배경에 지구 온난화가 자리 잡고 있지. 갈등의 저변에 물을 비롯한 자원을 둘러싼 다툼이 있거든. 극단적인 기후 환경이 대립과 갈등을 부추기고, 그 결과 수많은 사람이 난민이 되는 거야.

약자일수록 더 고통받는다

날씨가 더워지면 노약자와 취약 계층의 피해도 커지지. 영국의 의학 전

문지에 실린 보고서에 따르면, 2030년부터 전 세계에서 매년 25만 명이 기후 변화 탓에 건강을 잃고 사망할지도 몰라. 이는 결코 과장이 아니야. 2003년 여름, 40도가 넘는 이례적인 무더위로 유럽 전역에서 약 7만 명이 목숨을 잃었거든. 기후 변화는 노약자와 가난한 사람들처럼 가장 약한 사람들부터 무너뜨리지.

해수면 상승도 큰 문제야. IPCC 보고서에 따르면, 21세기 말에는 해수면이 최저 45센티미터에서 최고 82센티미터까지 올라갈 것으로 내다보고 있어. 결국 부산, 뉴욕, 런던, 베이징 등 해안 도시들이 물에 잠기는 피해를 입게 되지. 해안가나 낮은 지대에 사는 사람과 동물 모두 살아갈 곳을 잃게 될 거야. 세계 인구의 60퍼센트가 해안에서 100킬로미터 이내 지역에 살고 있어. 이미 파푸아뉴기니 같은 섬나라에서는 해수면 상승 때문에 주민들이 이주를 시작했어.

더위 자체만으로도 큰 피해를 주지만, 더위 말고도 여러 피해가 따라오는 거야. 따로 설명하진 않았지만, 지구 온난화에 따른 기상 이변도 큰 고통을 주겠지. 전례 없는 기상 이변은 더 이상 '이변'이 아닌 '일상'이 될 거야. 지금까지 우리가 지구를 불덩이로 만들었다면, 이제 불타는 지구가 우리를 불태울 기세지. 우주에서 유일한 우리의 보금자리인 지구를 지키기 위해서 모두 관심을 가져야 해.

과학이 해결해 줄까?

'지구 공학'으로 불리는, 기후를 조절하는 기술들이 최후의 수단으로 주목받고 있어. 인위적으로 지구의 기후 시스템에 개입해 지구 온난화를 해결하려는 기술이야. 몇 가지 방법을 살펴볼까?

첫 번째는 성층권에 에어로졸을 주입하는 방법이야. 에어로졸은 고체 또는 액체 상태의 작은 입자를 가리키지. 이 방법은 화산 폭발에서 아이디어를 얻었어. 1991년 필리핀에서 큰 화산이 폭발해 2000만 톤의 황산염 에어로졸이 하늘 높은 곳에 있는 성층권으로 흘러들게 됐어. 성층권으로 흘러든 에어로졸이 작은 거울처럼 햇빛을 반사해 태양열이 지구 표면에 닿는 것을 막았지. 그 결과 1~3년 동안 지구 평균 기온이 0.2~0.5도 낮아졌어.

문제는 이 방법이 날씨와 강우 패턴(비가 내리는 규칙성)에 영향을 준다는 점이야. 실제로 필리핀에서 화산이 폭발한 이듬해에 남아시아와 남아프리카의 강우량이 10~20퍼센트 줄었어. 또 하나, 일단 성층권에 에어로졸을 주입하기 시작하면 멈추는 게 거의 불가능하지. 만약 주입을 중단하면 잠시 멈췄던 기온이 걷잡을 수 없이 오를 수 있거든.

두 번째는 이산화탄소를 포집(뽑아서 모으는 일)해서 저장하는 방법이야. IPCC는 옥수수와 사탕수수 등을 키워서 일차로 이산화탄소를 흡수하고, 수확한 옥수수와 사탕수수 등을 바이오 연료로 만들어 발전소를 돌리자고 제안하지. 화석 연료와 대비되는 바이오 연료는 살아 있는 생물뿐 아니라 동물의 배설물 등을 활용한 연료야.

그러나 IPCC가 제안한 방법으로 현재의 에너지 수요를 충족하려면 호주 대륙 정도의 땅이 필요하다고 해. 그만큼의 땅을 확보하기 위해 숲을 파괴하면 생태계가 무너지게 되지. 숲을 파괴하는 대신 기존 농경지를 활용한다면 세계적인 식량 부족 사태가 벌어질 수도 있어. 게다가 이산화탄소를 땅에 묻는 방법은 이산화탄소를 완전히 없애는 게 아니기 때문에 시간이 흐른 뒤에 이산화탄소가 지상으로 흘러나올 수 있어.

소비를 줄이자

혹시 '탄소 발자국'에 대해서 들어 봤어? 먼 곳에서 생산된 물건이 너희가 사는 곳까지 오려면 배나 비행기를 이용해야 하지. 대개는 배에 실려 바다를 건너오고 배가 움직이려면 연료가 필요한데, 연료를 태울 때 이산화탄소가 나오는 거야. 이렇게 상품을 만드는 것부터 팔기 위해 실어 나르고 실제 소비되는 것까지 모든 과정에서 직간접적으로 배출되는 이산화탄소의 전체 양을 '탄소 발자국'이라고 불러.

가령 아보카도 100그램에서 나오는 이산화탄소는 10.37그램이야. 얼마나 높은 수치인지 감이 안 오지? 바나나와 비교하자면, 바나나 100그램에서 배출되는 이산화탄소는 2.49그램이야. 아시아나 유럽 등지에선 대부분 아보카도를 수입해서 먹는데, 수천에서 수만 킬로미터를 이동하는 과정에서 많은 이산화탄소를 내뿜는 거야. 더불어 질소산화물 같은 미세먼지 입자도 나오지.

한 나라가 모든 상품을 만들 수 없기 때문에 더 많이 소비한다는 건 더 많이 수입한다는 걸 뜻하고, 이는 결국 더 많은 오염 물질을 만들어 낸다는 의미가 되지. 경제가 성장할수록 생활이 풍요로워지는데, 풍요는 더 많은 소비를 뜻해. 과도한 소비는 자원의 고갈과 환경 파괴로 이어져. 일회용 컵 대신 텀블러, 새 종이 대신 이면지, 비닐봉지 대신 장바구니 등을 쓰는 것도 탄소 발자국을 줄이는 방법이야. 조금만 불편을 감수하면 누구나 실천할 수 있어.

모두가 나서야 희망이 있다

나무를 심는 것도 좋은 방법이야. 나무는 이산화탄소를 빨아들이지. 식물은 광합성을 통해 이산화탄소를 흡수하고 산소를 내놓잖아? 아마존 열대우림이 '지구의 허파'로 불리는 이유야. 정글, 습지, 늪지, 산호초, 맹그로브숲 등은 모두 대기 중에서 이산화탄소를 흡수하지. 숲과 바다는 이산화탄소를 빨아들이는 중요한 흡수원이야.

하지만 개인의 실천만으로 기후 위기를 해결하긴 어려워. 기업이 배출하

'미래를 위한 금요일' 행진

는 이산화탄소 양이 개인들이 내뿜는 양보다 훨씬 크거든. 국가 차원에서 석유, 석탄 등 화석 연료의 사용을 획기적으로 줄여야 해. 그러려면 기후 위기의 심각성을 먼저 깨달은 사람들이 적극적인 대책을 마련하라고 정치인들에게 요구해야겠지. 그레타 툰베리처럼 말이야. 툰베리는 행동하기 시작하면 희망은 어디든 있다고 말했어. 행동하기 시작하면 희망은 민들레 홀씨처럼 사방으로 퍼지지.

금요일마다 등교를 거부한 채 기후 위기 해결을 부르짖는 툰베리. 그의 행동이 극단적이고 과격한 걸까? 그렇게 볼 수도 있지만, 사실 기후 위기가 학교를 빠지는 것보다 더 극단적이지. 기후 위기가 심각하기 때문에 툰베리의 행동도 그에 맞춰서 극단으로 치닫는 거야. 극단보다 급진에 가깝겠지. 칼 마르크스는 "급진적이라는 것은 사태를 그 뿌리에서 파악하는 것이다."라고 말했어. 사태의 본질을 정확히 꿰뚫고 있기 때문에 툰베리의 행동은 안일할 수 없는 거지.

도축장 벽이 유리라면 우리는 모두 채식주의자가 됐을 것이다.

–폴 매카트니

공장식 축산

한여름 밤의 탈출

  우리 집은 4년 전에 귀농했다. 할아버지가 하시던 농장을 지금은 부모님이 이어서 하고 있다. 부모님은 기존 농장을 새롭게 단장했다. 더럽고 좁은 축사를 개조해 좀 더 깨끗하고 넓게 바꾸었다. 또한 주말에 가족 단위로 농장 체험을 할 수 있도록 체험형 농장으로 만들었다.

  보통의 농장에서는 새끼 돼지를 내다 팔 수 있는 때까지 약 6개월간 키우는데, 우리 농장은 12개월 키운다. 아빠 말로는 6개월 만에 몸집을 불리려면 옥수수 같은 곡물 사료를 먹여야 한다고 한다. 하지만 우리 농장은 곡물 사료 대신 풀과 쌀겨 등을 먹인다. 풀을 먹고 자란 돼지는 성장 속도가 느리지만, 아빠 말로는 더 건강하게 자라고 더 비싸게 팔린다고 한다.

부모님의 목표는 가축을 축사에 가두어 키우는 게 아니라 들판에 방목해 키우는 것이다. 아직은 힘들지만, 언젠가는 꼭 그 목표를 이루고 싶다는 뜻을 아빠는 여러 번 밝혔다. 그런 마음을 담아 농장 이름도 '산들 행복 농장'으로 지었다. 산과 들에서 가축들이 행복하게 뛰놀 수 있길 바라는 뜻으로 지은 이름이다.

이렇게 남다른 부모님을 둔 덕분에 나도 동물에 관심이 많다. 내 꿈이 수의사인 것도 그 때문이다. 공부를 잘하지 못해서 수의사가 될 수 있을진 모르겠지만. 동물원에서 사육사로 일해도 되고, 정 안 되면 부모님의 농장에서 일해도 되니까 상관없다.

우리 농장엔 돼지가 많다. 그중엔 나랑 아주 친한 돼지가 있다. 얼마나 똑똑한지 '베이브'라고 이름을 지어 줬다. 영화 〈아기 돼지 베이브〉에 나오는 똑똑한 돼지의 이름이 '베이브'다. 영화에 등장하는 돼지 못지않게 똑똑한 녀석이다.

"베이브? 돼지 이름이 뭐 그래?"

"베이브가 어때서?"

"미국에서 건너온 돼지라도 돼?"

돼지 이름을 알려 주면 대부분 그런 반응을 보인다. 국경의 장벽이 낮아지는 세계화 시대에 이 얼마나 무식한 소리인가?

어미가 젖이 나오지 않으면서 아홉 마리 새끼가 죽고 남은 한 마리가 바로 베이브다. 어쩔 수 없이 아빠는 베이브를 집으로 데려왔다. 지금도 베이브를 처음 만난 날이 생생하게 기억난다. 베이브는 종이상자에 담긴 채 아빠 품에 안겨 우리 집으로 왔다. 덥수룩한 속눈썹 뒤의 총총한 눈, 팔락이는 큰 귀, 축축한 콧등…… 모든 것이 예쁘고 귀여웠다.

베이브는 맑은 눈으로 다정한 눈길을 보냈다. 축축한 콧등을 수그려 나의 체취를 맡고는 반가움의 표시로 꿀꿀 소리를 냈다. 그 모습이 얼마나 귀여웠던지. 베이브는 친화력도 좋고 활발한 편이다. 사람을 잘 따르고 말도 잘 알아듣는다. 다만 한 가지 무서워하는 게 있는데, 바로 주삿바늘! 주사기만 보면 줄행랑친다. 그 모습이 얼마나 귀여운지 모른다. 전에 몇 번 주사를 맞은 적이 있는데, 그때 많이 아팠던 것 같다.

베이브와 지내면서 나는 돼지가 굉장히 똑똑한 동물이라는 사실을 알게 됐다. 돼지는 주인을 잘 알아본다. 한두 번 본 사람도 알아본다. 자기를 부르면 달려오고, 사람과 친하게 잘 지낸다. 개의 지능지수가 60인 데 비해 돼지의 지능지수는 70 이상이며, 냉장고부터 온갖 문과 서랍을 다 열 수 있다.

돼지는 식탐이 많지만 죽을 때까지 먹을 정도로 미련하지 않다. 위장이 80퍼센트 정도 차면 안 먹는다. 사람들은 돼지가 더러운 동물이라고 생각하는데, 사실은 전혀 그렇지 않다. 대소변 보는 곳을 정확히 구분할 줄 안다. 더럽고 지저분한 곳을 '돼지우리'라고 부르지만, 돼지는 아주 깔끔한 짐승이다.

우리 가족은 베이브와 4개월 동안 함께 지냈다. 처음에는 두 달만 집에서 기르고 다시 축사로 보낼 계획이었지만, 나를 비롯한 가족들이 베이브에 반해 두 달 더 함께 지내게 됐다. 그 뒤로는 몸집이 점점 커져 더는 집에서 키우기 어려웠다.

나는 학교에서 돌아오면 곧장 베이브가 있는 축사로 갔다. 평소에도 부모님 일을 거든다고 종종 축사에 가곤 했지만, 베이브가 축사로 돌아간 뒤로는 더 자주 들락거렸다. 베이브는 내가 가면 반갑다고 꿀꿀 소리를 내며 다가온다. 간혹 내가 슬프거나 기운이 없을 때 가면 마치 내 마음을 아는 듯 지그시 바라본다.

내가 수의사가 되고 싶다고 생각한 것도 베이브 때문이다. 그전에도 동물에 관심이 많았지만, 베이브와 친해지면서 동물이 똑똑하다는 걸 알게 됐고, 인간과 아주 비슷하다고 느꼈다. 그리고 동물과 인간이 우정을 나눌 수 있다고 믿게 되었다.

베이브와 다른 돼지들이 잘 지내던 어느 여름날, 청천벽력 같은 소식이 들려왔다. 인근 농장에서 구제역에 걸린 돼지들이 발생해 근처 돼지들을 모두 살처분한다는 소식이었다. 사실 그전에 '살처분'이라는 말을 들어 본 적이 없어서 처음에는 무슨 얘기인지 몰랐다. 아빠와 엄마가 하는 얘기를 들어 보니까 이건 가축을 그냥 전부 죽이는 거였다.

"아빠, 병이 났으면 약을 써야 하는 거 아니에요? 약도 안 써 보고 왜 죽인다는 거예요?"

"예방 백신은 있는데 치료제가 없거든."
"근데, 우리 농장의 동물들은 병에 걸리지도 않았는데 죽여요?"
아빠는 난처한 표정을 지었다.
"구제역이 발병하면 반경 3킬로미터까지 예방적 살처분이 실시된대. 법이 그렇다는구나."
나는 말도 안 된다고 생각하며 아빠에게 다시 물었다.
"무슨 법이 그래요! 그럼 베이브는요?"
나는 제발 베이브만은 살릴 수 있길 간절히 바랐다.
"아빠도 우리 돼지들을 살리고 싶은 마음이 굴뚝같은데, 방법이 없구나."
아빠는 어깨를 축 늘어뜨린 채 말을 이어 갔다.
"베이브를 포함해서 모든 돼지를 다 죽여야 해."
"어떻게 그럴 수 있죠? 베이브를 어떻게……."
나는 눈물이 나오려는 걸 참고 내 방으로 뛰어 들어갔다. 믿을 수 없었다. 어른들의 세상을 이해할 수 없었다. 잠이 오지 않았다. 컴퓨터를 켜고 살처분을 검색해 봤다. 끔찍했다.

돼지들을 한군데로 몰아 덮개를 씌우고 이산화탄소 가스를 주입해 안락사시킨 뒤 매장합니다. 그런데 생명이 참 모질어서 쉽게 안 죽는 놈들이 있어요. 가스 농도나 양이 맞질 않아서 기적적으로 살아남는 놈들이죠. 그럴 땐 어쩔 수 없이 살아 있는 상태로 묻어야 합니다. 살겠다고 아우성치는 돼지 위로 흙을 덮어 버리죠.

구제역과 조류인플루엔자로 돼지, 닭, 오리 모두 살처분을 해 봤습니다. 큰 백 하나에는 닭이 400마리 정도 들어가요. 그냥, 얘네가 도망치지도 못해요. 꼭 아이 같아요. 저도 아이를 키우고 있는데, 우리 아이가 생각나요. 오리를 잡으면 사람처럼 따뜻하고 심장이 뛰는 게 느껴져요. 그런 오리를 그냥 죽이는 거죠. 그 기억, 트라우마가 한참 가요. 다음 날 꿈에 나타나는 것은 물론이고 몇 년이 지난 지금까지도 그 기억이 생생하거든요. 평소에는 잘 생각하지 않지만 거기에 가면 '생명'에 대해 참 많이 생각하게 됩니다. 지시받은 일이지만 '꼭 해야 하는 일인가?' 생각하게 돼요. 자살한 공무원도 많고요.*

살처분에 관한 인터뷰를 여러 편 읽었다. 읽으면서도 내 눈을 의심했다. 어쩌면 이럴 수 있을까? 어떻게 이럴 수 있을까? 내일이면 베이브를 영영 볼 수 없게 된다. 어떻게든 방법을 찾아야 했다.

나는 누워서 부모님이 잠들 때까지 기다렸다. 한두 시간쯤 흘렀을까. 선풍기만이 잠들지 않은 채 밤새 돌아가고 있었다. 침묵이 집안을 감쌌다. 나는 컴컴한 방바닥을 더듬어 휴대전화를 찾았다. 어둠 속에서 휴대전화 불빛이 환하게 켜졌다. 두어 시간이 흐른 걸 확인하고 잠자리에서 일어났다.

나는 조용히 짐을 쌌다. 주방에서 복숭아랑 라면, 참치캔 등 비상식량과 생수를 챙겼다. 그리고 줄, 장갑, 등산용 칼 등을 가방에

* 충청북도 진천구청 공무원 김정수 씨 인터뷰.

쑤셔 넣었다. 아, 비비탄 총도 빼놓지 않았다. 나와 베이브를 지키려면 호신용 무기가 필요할 것 같았다.

조심스레 현관문을 열고선 발소리를 내지 않고 축사로 살금살금 다가갔다. 조심스레 잠든 베이브를 흔들어 깨웠다.

"베이브, 일어나! 빨리 일어나."

나는 나직이 속삭였다. 베이브는 실눈을 뜬 채 내 체취를 맡고서는 꿀꿀 소리를 냈다. 이 밤에 웬일이냐는 눈치였다.

나는 낮은 목소리로 상황을 설명했다.

"깨워서 미안해. 근데, 지금 우리 떠나야 해. 안 그러면 너도 여기 있는 돼지들과 함께 살처분당할 거야. 살처분은 말하자면……."

살처분을 어떻게 설명하면 좋을지 생각이 안 났다.

"하여간 끔찍한 일이야. 그러니까 나만 믿고 따라와."

내가 진지하고 간절하게 얘기하자 베이브는 알아듣는다는 듯이 가만히 듣고 있었다. 멀리서 컹컹 개 짖는 소리만이 가끔 들렸다.

"우선 농장부터 어서 벗어나자. 날이 밝기 전에 서둘러 여길 뜨는 게 좋겠어."

나는 베이브의 가슴에 줄을 동여맨 뒤 손에 쥐었다. 도로를 지나갈 때 차에 치일 수 있으니 줄로 묶어 둘 필요가 있을 것 같았다.

나와 베이브는 뒷산으로 향했다. 동녘 하늘이 서서히 뿌예지더니 이윽고 해가 뜨기 시작했다. 주말 이른 아침인데도 사람들이 한둘씩 눈에 띄었다. 한참을 걸었더니 숨이 찼다. 열대야의 열기가 아침나절까지 이어졌다. 그해는 7월부터 부쩍 더웠다. 후, 나는 짧은 한숨을 토했다. 지나가던 할머니 한 분이 힐끗 나를 살피셨다.

"아가, 돼지 끌고 어딜 가는겨?"

"뒷산에요."

눈이 똥그래진 할머니가 되물으셨다.

"뒷산에? 아침 댓바람부터 뒷산에는 뭔 일로?"

나는 할머니께 저간의 사정을 설명드렸다. 할머니는 내 사정이 안타까웠던지 잇따라 '아이고, 일을 어짜? 워메, 어짜쓰까?'라고 내뱉으셨다. 할머니는 연신 이마의 땀을 손등으로 찍어 눌렀다.
"부모님이 애가 탈 것인디…… 꼭 필요헌 일이면 하더라도, 몸 조심하그라이."

할머니는 바지춤에서 천 원짜리 세 장을 꺼내 내 손에 쥐여 주셨다. 할머니의 손은 축축했다. 나는 할머니께 고개 숙여 인사를 드리고 다시 산으로 향했다.

나중에 안 사실이지만, 그 할머니가 경찰에 신고를 해서 부모님이 나를 찾을 수 있었다. 할머니는 어린아이가 혼자서 산에 들어갔다 잘못되기라도 할까 봐서 고민 끝에 경찰에 신고를 했다고 한다.

뒷산에서 베이브랑 복숭아와 참치캔, 라면 부스러기 등을 나눠 먹고 있을 때 아빠가 저 아래에서 걸어 올라오는 게 보였다. 도망가기에는 이미 늦어 버렸다.

"네 마음은…… 잘 알겠는데…… 그래도 이래선 안 돼……."

숨이 찬지 아빠 말은 뚝뚝 끊겼다. 아빠 이마에선 굵은 땀이 뚝뚝 흘러내렸다.

"베이브를 죽일 순 없어요."

"그렇다고 베이브를 데리고 도망갈 수도 없어."

나는 거의 울기 직전이었다. 나와 베이브는 아빠 손에 이끌려 다시 집으로 돌아왔다. 엄마는 날 보자마자 "어린 게 겁도 없이!" 한마디 하고는 와락 끌어안았다. 너무 세게 안아서 숨이 막히고 더웠다. 매미가 요란스럽게 울어 댔다.

나중에 안 사실이지만, 내가 베이브를 데리고 농장을 탈출한 뒤로 집이 두 번 뒤집어졌다. 먼저 내가 없어진 사실을 안 부모님이 몹시 놀라서 뒤집어졌고, 돼지 한 마리가 사라진 사실을 안 군청 직원들이 놀라서 또 뒤집어졌다. 아무튼, 난리가 났었다. 군청에서 살처분을 실시하러 나오면 등록된 돼지 수를 일일이 확인하는데, 한 마리가 부족했던 것이다.

살처분 대상 가축을 무단으로 이동시키면 법적으로 처벌받을 수 있다는 사실을 그때 처음 알았다. 나도, 부모님도. 담당 공무원은 아이가 어리고 나쁜 의도로 그런 게 아니니까 선처받을 수 있도록 노력해 보겠다고 부모님에게 말하고 돌아갔다. 부모님은 연신 고개를 숙였다. 공무원이 탄 차가 농장을 빠져나갈 때까지 부모님은 고개를 숙이고 있었다.

어쩔 수 없이 베이브를 넘겨줘야 했다. 나는 손에 잡고 있던 줄을 살며시 놓았다. 베이브가 가만히 선 채 나를 말똥말똥 쳐다보았다. 어른들이 베이브를 묶은 줄을 잡아챘다. 베이브는 이상한 낌새를 눈치챘는지 가지 않으려고 발버둥을 쳤다. 할 수 없이 어른들 여러 명이 베이브를 붙잡아 축사 안으로 끌고 갔다. 베이브가 꽥꽥 소리를 질렀다.

꽥꽥 소리가 비수처럼 내 가슴을 찔렀다. 더는 그 자리에 있을 수 없었다. 나는 울면서 집으로 내달렸다. 여름 방학을 앞둔 7월의 어느 날이었다.

동물은 물건이 아니야

암에 걸린 채로 태어나 암으로 세상을 떠나는 동물이 있어. 이른바 '온코마우스(onco-mouse)'라 불리는 종양 생쥐야. 암세포를 갖고 태어나는 온코마우스는 인간의 필요에 의해 만들어진 동물이지. 오직 병리 실험만을 위해 만들어졌거든. 사실 지구상에는 인간의 필요에 의해 생겨난 동물이 수두룩하지. UN 식량농업기구(FAO)에 따르면, 전 세계적으로 소가 15억 마리, 양이 12억 마리, 돼지가 9억 마리 사육되고 있어. 이렇게 많은 동물이 겪는 고통은 실로 크지.

무엇보다 큰 고통은 죽음의 순간에 겪는 고통이야. 글쓴이가 도축장에 잠입해 쓴 《도살장》이라는 책이 있어. 그 책에 따르면, 대형 도축장에서 소나 돼지는 전기총으로 쏴서 기절시키고 닭은 전기가 흐르는 둘에 빠뜨려 기절시키지. 문제는 기절이 제대로 이뤄지지 않는다는 점이야. 얼마나 잘 기절시키는지보다 얼마나 많이 기절시키는지가 중요하기 때문이지. 노동자들이 짧은 시간에 수많은 동물을 처리하다 보니, 의식이 붙어 있는 채로 가죽이 벗겨지고 몸뚱이가 잘리는 동물이 적지 않아.

농장, 지옥의 공장

가축들은 여러 고통을 겪고 있어. 도살당할 때 고통이 가장 크겠지만, 사육 과정의 고통도 만만치 않아. 오늘날의 가축 사육은 대규모 농장에서 이루어지지. 사실 이런 대규모 농장은 농장보다 공장에 가까워. 현대식 축산을 흔히 '공장식 축산'이라 부르는데, 가축을 좁은 공간에 모아 길러 생산비를 낮추는 축산 방식이야. 그만큼 고기, 달걀, 우유 등의 가격은 낮아지지.

공장식 축산에서 '공장'은 비유가 아니야. 이곳에서 동물은 감정을 가진 생명체가 아니지. 인간 마음대로 찍어 내는 공산품에 불과하거든. 이 공장에서 동물은 단백질 생산 기계이고, 고기는 단백질 생산품이야.

17세기, 철학자 데카르트는 동물을 태엽 감은 기계와 같다고 여겼어. 그래서 동물이 내는 비명을 기계의 삐걱거림 정도로 이해했어. 오늘날 동물은 진짜 기계가 되었지. 고기를 생산하는 기계, 우유를 생산하는 기계, 달걀을 생산하는 기계 말이야. 자연 수명이 10년이 넘는 닭은 부리가 잘린 채 겨우 한 달을 살고 고기가 되지. 알 낳는 닭을 키우는 농가에선 경제적 가치가 없는 수평아리들을 산 채로 그라인더로 갈아 버려.

축사 안의 돼지

우리는 돼지를 더러운 동물로 알고 있지. 더럽고 지저분한 곳을 흔히 '돼지우리'로 부르잖아. 그러나 돼지만큼 깨끗한 동물도 없지. 돼지는 진흙탕에 몸을 비비는 습성이 있는데, 피부에 붙은 기생충을 떼어 내거나 체온을 식히기 위해서야. 돼지의 피부에는 땀구멍이 없거든. 그러나 축사에는 물웅덩이나 진흙탕조차 없어. 그렇다 보니 똥오줌에 몸을 비비게 되지. 원래부터 더러운 게 아니라 환경 때문에 더러워지는 거야.

현대식 축사는 바닥 밑으로 똥오줌이 따로 모이게끔 만들지. 그래도 사정은 크게 나아지지 않아. 수백 마리가 배설한 똥오줌에서 풍겨 나오는 유독 가스가 코를 찌르거든. 사람처럼 돼지도 신선한 공기를 마셔야 해. 더럽고 비좁은 공간에서 자라다 보니 돼지들이 받는 스트레스가 이만저만이 아니야. 돼지들은 스트레스로 서로를 공격하지. 그래서 태어나자마자 생니가 뽑히고 꼬리가 잘리게 돼. 마취도 하지 않고 펜치로 생니 8개를 뽑고 꼬리도 자르지.

수퇘지는 고환이 까이는 고통도 겪어. 고기를 연하게 만들고 고기에서 나는 냄새를 없애기 위해서야. 요즘은 반려동물도 거세를 많이 해. 이런 수술은 마취라도 하지만, 돼지의 거세는 마취조차 없이 이뤄지지. 돼지가 고통을 못 느낀다고 생각한다면 착각이야. 말로 표현하지 못할 뿐 인간과 똑같이 고통을 느껴. 남학생들은 고환이 차였을 때 얼마나 아픈지 잘 알 거야. 그런데 마취도 없이 생살을 찢고 고환을 꺼낸다고 생각해 봐. 상상만 해도 끔찍하지.

새끼를 낳는 암퇘지는 서로 공격할 수 없도록 한 마리씩 따로 키워. 길이 1.8미터, 폭 65센티미터의 철제 구조물(스톨)에 갇혀 지내지. 스톨 안에서 암퇘지는 몸을 돌릴 수조차 없어. 서 있거나 누워 있을 수밖에 없지. 온종일 할 수 있는 일이라곤 서서 사료를 먹거나 드러눕는 것밖에 없어.

마치 사람이 관 크기의 독방에서 평생을 산다고 생각하면 돼. 새끼를 낳은 암퇘지에게는 다시 강제 임신을 시키지. 이 때문에 번식용 암퇘지는 평생을 임신 상태로 살아가야 해. 새끼 낳는 기계와 다르지 않아.

공장식 축산의 그늘

더 싸게, 더 많이 고기를 먹으려는 사람들의 욕심이 수많은 가축을 공장식 축산으로 내몰았어. 공장식 축산은 좁은 공간에 가축을 몰아넣지. 이런 환경 자체가 질병을 유발해. 가령, 공장식 축산 아래 지어진 축사는 햇볕이 들지 않고 신선한 공기가 부족한 편이야. 이런 조건에서 병원체는 더 오랫동안 살 수 있어. 햇볕 속 자외선은 독감 바이러스 등을 죽이는 데 효과적이거든. 밀폐되고 그늘진 곳에 방치된 가축이 독감에 취약한 이유야. 더럽고 열악한 환경이 질병의 온상이 되는 거지.

공장식 축산 탓에 각종 가축 전염병이 퍼졌어. 예컨대 조류독감은 전 세계에서 발생하지만, 발생 빈도와 피해 규모는 나라마다 다른 편이야. 전염병의 발생과 확산을 미리 차단하는 방역 체계가 다른 것도 이유지만, 가축 사육 방식도 피해 규모를 결정짓는 중요한 이유 중 하나지. 비좁은 공간에서 장기간 스트레스에 노출된 닭은 면역력이 떨어져 질병에 감염될 확률이 높아지거든. 닭뿐 아니라 모든 가축이 스트레스를 받으면 면역력이 떨어져.

가축의 면역력이 떨어지다 보니 각종 항생제, 살충제 등을 많이 쓰지. 그렇다고 질병이 안 생길까? 한국은 2000년부터 구제역, 2003년부터 조류독감에 시달려 왔어. 2019년에는 아프리카돼지열병으로 된서리를 맞았고. 가축 전염병이 퍼지면 당국은 파묻기에 바쁘지. 바로 살처분이야. 문제는 병에 걸리지 않은, 지역 내 다른 가축도 미리 죽여 버린다는 거지. '예방적 살처분'이라는 이름으로 병이 발생한 농장이 포함된 지역 내 다른 가축까지 파묻거든.

 2000년부터 2019년까지 지난 20여 년간 돼지, 소, 염소, 사슴 등 네발 달린 가축에 닭, 오리, 꿩, 메추리 등 조류까지 합하면 9806만 8763마리가 살처분을 당했어. 1억 마리에 가까운 숫자지. 한 해 평균 500만 마리가 땅에 파묻힌 셈이야. 살처분한 농가에 지급한 보상금과 방역에 사용된 비용만 지금까지 5조 원이 넘어. 싼값으로 고기를 생산하는 방식이라고 믿었던 공장식 축산은 결코 싸지 않아. 싼값의 대가로 비싼 비용을 치르고 있지. 경제적인 줄 알았던 공장식 축산은 착각이었던 거야.

동물도 복지가 필요해

　동물 복지에 대해서 들어 본 적 있어? 복지는 '행복한 삶'을 뜻하지. 그러니까 동물 복지는 동물의 행복한 삶을 의미해. 어차피 도축당해 죽을 텐데, 행복이 무슨 소용이냐고? 어차피 죽을 거 밥은 왜 먹니? 어차피 죽을 거 좋아하는 게임은 왜 하니? 인간이나 동물이나 죽음을 피할 수 없지만, 그래도 죽기 전까지는 행복하게 잘 살아야겠지. 그래서 나온 게 '동물 복지 농장'이야. 가축이 느끼는 고통과 두려움을 가능한 한 최소화하는 농장이지. '고통 없이 살고 고통 없이 죽을 권리'를 보장하기 위해 만들어졌어.

　우선 축사 공간을 넓혀 가축이 자유롭게 활동할 수 있도록 해야 해. 가축들이 잘 먹고 잘 뛰어놀면 스트레스를 덜 받고 자연스레 면역력도 좋아지지. 한국은 돼지 1마리당 사육 면적이 0.8제곱미터야. 1만 제곱미터에는 1만 마리 넘는 돼지를 키울 수 있겠지. 반면에 스웨덴·노르웨이·덴마크 등 스칸디나비아 3국의 돼지 방목장은 1만 제곱미터에 새끼를 낳는 어미 돼지는 6.5마리로, 비육돈(고기를 얻기 위해 기르는 돼지)은 65마리로 제한해. 소와 사슴도 10마리 내외로 제한하고 있어.

　다음으로 축사 환경도 중요하지. 앞서 지적한 채광 및 환기에 신경 써야 하고, 배설물 처리에도 주의를 기울여야 해. 배설물을 깨끗하게 처리하는 방법 중 하나가 '유기물 바닥'이지. 축사 바닥에 왕겨, 볏짚, 콩깍지 같은 유기물을 두껍게 깔아 주는 거야. 가축들은 그 위에서 생활해. 먹고 자고 배설하는 것 모두 그 위에서 이뤄지지. 가축들이 배설물을 밟고 뭉개면 바닥에 깔린 유기물과 배설물이 자연스럽게 뒤섞여 자연 발효가 되지. 자연정화로 악취도 나지 않고 오물 처리도 필요 없어.

먹는 것의 윤리

무엇을 먹을지를 두고 옳고 그름을 평가할 수 있을까? 무엇을 먹을지 결정하는 건 개인적 문제임에 틀림없어. 종교, 식성, 건강 관리 등의 이유로 어떤 음식을 가려 먹는 것처럼 무엇을 먹을지는 전적으로 개인의 선택 문제야. 이에 대해 다른 사람이 왈가왈부하는 건 맞지 않지. 다만 내가 먹는 것으로 인해 다른 사람이 피해를 본다면? 그때는 옳고 그름의 문제, 즉 윤리의 문제가 되지. 가령 **빵**을 내 입에 넣는 건 자유야. 그런데 그 빵을 다른 사람에게서 훔쳤다면 이는 윤리적 문제가 되지.

고기를 먹는 것도 윤리적 문제일까? 육식이 누군가에게 피해를 준다면 그렇게 볼 수 있겠지. 먼저 육식은 다른 사람의 먹을거리를 빼앗는 행위로 볼 수 있어. 지구를 둘로 나눠 보면, 북반구가 배불리 먹을 때 남반구는 굶어 죽어 가지. 매년 수억 명이 굶어 죽고 있어. 식량이 부족해서가 아니야. 전 세계에서 생산되는 콩, 옥수수 등 곡물의 절반 이상을 가축이 먹어 치우는 탓이야. 고기를 얻기 위해서 말이야.

고기를 덜 먹는다면

육식은 지구 환경에도 해롭지. 유엔 식량농업기구에 따르면 가축이 배출하는 메탄가스, 이산화탄소 등의 온실가스는 전 세계 배출량의 15퍼센트를 차지해. 게다가 매년 우리나라 면적만큼의 열대우림이 잿더미가 되지. 가축을 기르는 방목지, 그리고 사료인 콩 등을 재배하는 경작지로 쓰기 위해 열대우림을 불태우거든. 가령 아마존 벌목의 80~90퍼센트가 공장식 축산에 쓰일 사료용 대두를 재배하기 위해 자행되고 있어. 1960년대 이후 열대우림의 절반 이상이 사라졌고, 바로 이 시간에도 사라지고 있어. 고기를 먹기 위해 치러야 하는 혹독한 대가야.

더 큰 문제는 육식이 가축에게 큰 고통을 준다는 점이야. 이미 살펴본 대로 사육과 도축 과정에서 가축은 큰 고통을 당하고 있어. 사람들이 맘대로 대량으로 키우다가 또 멋대로 도축해 잡아먹는 탓이야. 인간이 고통 없이 행복하게 살고 싶어 하듯이, 가축도 고통받지 않고 행복하게 살고 싶어 하지. 또한 인간이 죽음을 두려워하듯이 가축도 죽음을 두려워해. 고통과 죽음을 피하고자 하는 의지는 인간과 가축 모두가 같아.

매년 전 세계적으로 700억 마리 이상의 닭, 오리, 소, 돼지 등이 인간의 식탁에 오르기 위해 희생되고 있어. 그중 닭만 660억 마리야. 바다에서 사는 해양 생물까지 합치면 그 수를 헤아리기 어렵지. 가장 큰 문제는 가축에게 고통을 주는 공장식 축산이야. 그렇다면 가축에게 가장 시급한 복지는 인간이 동물을 덜 먹는 게 아닐까? 우리가 일주일에 세 번 먹던 고기를 두 번으로 줄인다면 고통받는 동물의 숫자도 그만큼 줄어들 거야.

팬데믹은 우리가 서로 없이는 살 수 없음을 보여 줬다.

−프란치스코 교황

4

전염병

코로나를 쫓는 사람들

[○○구청]
코로나19 확진자 발생,
이동 동선 확인 바랍니다.
홈페이지 안내(www.corona○○.com)

　드르륵드르륵. 이동 동선을 확인하라는 안내 문자가 왔다. 자기가 사는 지역에 코로나19 확진자가 나오면 어김없이 울리는 안전 안내 문자. 나는 확진자의 동선 그 몇 줄을 위해 밤낮을 가리지 않고 구슬땀을 흘린다. 내 직업은 역학 조사관이다.

"역학 조사관?"

직업을 얘기하면 열에 아홉은 으레 눈살을 살짝 찌푸리며 고개를 갸우뚱한다.

"역학은 전염병의 원인과 전염 과정을 연구하는 학문이에요."

나는 우선 역학이 무엇인지부터 설명한다.

"그래서 대체 뭘 조사하는 거예요?"

다들 본론을 궁금해한다.

"역학 조사는 말이죠, 특정 질병이나 전염병의 발생 원인, 전파 경로, 발생 양상 등을 밝히는 작업을 뜻해요. 누군가 전염병에 걸렸을 때 역학 조사가 시작되는데요. 누구에게 옮았는지, 어떤 방식으로 옮았는지, 증상은 언제부터 나타났는지, 어느 지역에서 발생했는지 등을 두루 검토해서 병의 원인과 양상 등을 밝혀내 예방법을 마련하는 일이라고 생각하면 됩니다."

그렇게 설명해 줘도 대부분은 알 듯 말 듯한 표정을 짓는다. 그러면 나는 역학 조사관의 업무를 범죄 수사관의 일과 비교해 설명해 준다. 그쯤 되면 다들 대충은 알아듣는다. 하지만 이 일이 살인범을 찾는 것만큼 중요하다고 생각하진 못한다. 코로나19 사태가 벌어지기 전까진 그랬다.

지금 시간은 새벽 2시 30분. 퇴근 시간을 훌쩍 넘겼지만, 나는 퇴근을 할 수가 없다. 정확한 정보를 신속히 제공해야 하기 때문이다. 확진자가 나오면 사무실은 숨 가쁘게 돌아간다. 내 업무의 가장 중요한 부분은 확진자와 접촉자를 찾아내는 일이다. 한시라도 빨리 접촉자를 찾아내야 한다. 한 명이라도 추가 감염을 막기 위해서다. 그래서 역학 조사관들은 늦은 시간까지 분주하다.

먼저 확진자의 진술을 듣는다. 그런데 확진자의 진술은 정확하지 못할 때가 많다. 2주치의 동선과 활동을 기억에 의존해서 진술하다 보니 부정확하기 마련이다. 또한 거짓으로 진술하는 경우도 종종 있다. 대개는 사생활을 감추고 싶어서, 지인들에게 피해를 주지 않기 위해서다. 확진자와 접촉한 지인들 역시 밀접 접촉자로 분류돼 2주간의 자가 격리를 해야 하는 탓이다.

그래서 확진자의 진술만을 그대로 믿고 동선을 확정하진 않는

다. 진술을 바탕으로 동선을 따라 CCTV 영상과 카드 결제 내역, 통신 기록(GPS) 등을 일일이 확인한다. 사생활 침해 아니냐고? 물론 관련 법에 따라 정당한 절차를 밟아서 한다. 감염병 예방법 제76조 2항은 "감염 전파의 차단을 위해 필요한 경우 정보 제공을 요청할 수 있다."고 규정하고 있다.

동선을 일일이 확인하고 접촉자를 가려내는 일은 퍼즐 맞추기와 같다. 앞서 잠깐 언급했듯, 수사관의 일과도 비슷하다. 실제로 역학 조사의 시초가 그랬다.

1854년 영국 런던의 소호라는 지역에서 한 달 사이에 616명이 원인 불명의 병으로 숨지는 일이 발생했다. 발병자들은 공통적으로 심한 설사로 고통받았다. 쌀뜨물처럼 보이는 설사를 심한 경우에 하루 20리터 이상 하기도 했다. 당시에는 감염병이 나쁜 공기나 악취로 퍼진다고 생각했다. 나쁜 공기에서 나오는 독기가 원인이라고 여겼다. 물론 과학적 근거는 전혀 없었다.

"선생님, 뭐하세요?"

"발병자들, 사망자들 사이에 어떤 공통점이 있을지 모른다는 생각이 들어서요."

"그래요? 어떤 공통점이요?"

"아직 명확한 건 아닙니다. 우선 발병자 및 사망자가 나온 집들을 지도에 표시해 보고 있던 참이었어요."

사망자 집을 지도에 표시하는 사람은 마취과 의사 존 스노우

(1813~1858)였다. 존 스노우는 낮에는 마취과 의사로 일하고, 밤에는 런던의 뒷골목을 누비며 죽음의 원인을 추적하는 탐정 역할을 했다.

'나쁜 공기 때문에 사람들이 죽었다고? 그런데 이상하지 않나? 나쁜 공기가 원인이라면 폐나 호흡기에서 문제가 생겨야지? 근데 발병자와 사망자를 보면 공통적으로 소화 기관에 문제가 있었잖아? 아무래도 나쁜 공기가 원인은 아닌 것 같아.'

존 스노우는 나쁜 공기로 감염병이 퍼진다는 미신을 믿지 않고, 감염병의 원인을 과학적이고 합리적으로 추적했다. 그 결과 특정 펌프 주변으로 감염병이 돈다는 사실을 찾아냈다.

'어, 이 펌프 이상하잖아. 왜 이 주변으로 발병자와 사망자가 몰려 있는 거지?'

존 스노우는 사망자가 발생한 집을 일일이 찾아다니며 동일한 펌프 물을 마셨는지 조사했다. 사망자들은 공통적으로 동일한 펌프 물을 마셨고, 다른 지역에서 그 물을 마신 사람도 똑같은 증상을 보였다. 또한 펌프 근처에 위치하지만 발병자가 전혀 나오지 않은 공장에서는 자체 펌프를 사용해 식수를 공급했다는 사실을 밝혀냈다. 이 모든 것이 '그 펌프가 원인'이라는 하나의 사실을 가리키고 있었다.

마침내 존 스노우의 집요하고 끈질긴 추적 끝에 특정 펌프가 원인이라는 사실이 밝혀졌다. 사람들을 죽음으로 몰고 간 병은 콜레

라였다. 콜레라는 물을 통해 감염되는 전형적인 전염병이다. 이후 해당 펌프를 폐쇄했고, 감염병 확산이 멎었다. 이것이 역학의 시작이다.

  정말 탐정이나 수사관이랑 비슷하다. 그런데 스릴 넘치는 그런 일은 아니다. 오히려 회계사의 일에 가깝다. 아주 작은 퍼즐 조각들을 끝없이 맞춰 가며 사실을 확인해야 한다. 수많은 접촉자를 일일이 찾아내서 밀접 접촉자를 분리해 낸다. 밀접 접촉자로 분류된 사람들은 자가 격리 대상자로 지정하고 안내한다.

  확진자의 증상은 언제부터 시작했나, 마스크를 착용했나, 특정 공간에 머문 시간은 얼마나 되나, 접촉자와의 거리는 어느 정도였나, 대화 또는 신체 접촉 등이 있었나, 있었다면 어느 정도 시간이었나 등을 꼼꼼히 살펴서 밀접 접촉자를 가려낸다. 그중 하나만 보자면, 접촉자와의 거리를 확인할 때는 보통 2미터를 기준으로 한다. 코로나19 바이러스를 전파하는 비말, 쉽게 말해 침방울이 2미터 정도까지 미치기 때문이다.

  탐정이 하는 일과 비슷하지만, 탐정놀이와는 완전히 다르다. 스릴이 넘치거나 흥미진진하진 않다. 오히려 고되고 힘들다. 일이 힘든 거야 참을 수 있지만, 사람을 상대하다 보니 스트레스가 이만저만이 아니다.

  하루는 현장에 나가 확진자의 동선을 확인하는데, 멱살을 잡히기도 했다.

"CCTV를 확인했는데, 계산하실 때 마스크를 안 쓰고 계셨죠?"

확진자가 김밥집에 다녀갔는데, 확진자와 가게 주인이 모두 마스크를 쓰지 않았던 것이다.

"보통은 잘 쓰는데……. 그때만 잠시 벗었던 것 같아요."

가게 주인의 눈동자가 잠시 흔들렸다.

"네, 그러셨던 것 같아요. 여하튼 확진자와 가까운 거리에서 대화를 나누셨던 걸로 확인됩니다. 2주 동안 자가 격리를 하셔야겠습니다."

"네? 2주요? 그럼 장사는요?"

"안타깝지만 저희도 어쩔 수 없습니다."

그때까지 순순히 협조하던 가게 주인이 흥분하기 시작했다.

"아니, 확진자랑 몇 마디 대화했다고 2주 동안 자가 격리라니 말이 됩니까?"

"선생님, 죄송합니다. 하지만 감염 확산을 막기 위해서 어쩔 수 없답니다. 협조를 부탁드리겠습니다. 거듭 죄송합니다."

나와 동료는 재차 죄송하다며 고개를 숙였다. 사실, 우리가 죄송할 일은 없었다. 우리는 우리가 해야 할 일을 하는 것뿐이니까. 그렇지만 생업에 타격을 입어 화가 난 사람들은 분풀이 대상을 찾는다. 그게 우리와 같은 방역 일선이 되곤 한다.

"아, 몰라요. 자가 격리 못 합니다."

"선생님, 이건 감염병의 예방 및 관리에 관한 법률에 따라 취하는 조치라 거부하시면 처벌받으십시오. 영업에 지장이 있겠지만, 따라 주셔야 합니다."

"몰라요. 가게에서 나가요."

흥분한 주인이 나를 포함한 일행을 마구 밀쳤다.

"아! 선생님 이러지 마세요."

흥분한 주인이 내 멱살을 잡고 흔들었다.

"니들이 뭔데? 나, 당신들 전부 고소할 거야!"

"선생님, 이것 좀 놓고 말씀하시죠."

아무리 얘기해도 주인은 손을 풀지 않았다. 결국 경찰을 부르고 나서야 실랑이가 끝났다. 경찰관이 그 주인을 집까지 데려다준 뒤 상황은 마무리됐다.

가게 주인의 심정을 충분히 이해한다. 2주나 장사를 하지 못하면 손해가 막심할 것이다. 특히나 영세 자영업자들은 거의 하루 벌어 하루 먹고살 텐데, 더더욱 막막할 것이다. 그런 사정을 모르지 않지만, 역학 조사관들은 개인의 사정을 봐줄 수 없다. 코로나19 바이러스가 개인의 사정을 봐주지 않기 때문이다. 만약 가게 주인이 감염됐다면 가게를 방문하는 손님들도 감염 위험에 노출된다.

감시나 제한이 목적이 아니다. 당하는 사람 입장에서는 통제나 억압으로 느낄 수 있지만, 이건 어디까지나 '보호를 위한 감시', '보호를 위한 제한'이다. 당사자는 물론이고 공동체를 안전하게 보호하기 위해 필요한 조치이다.

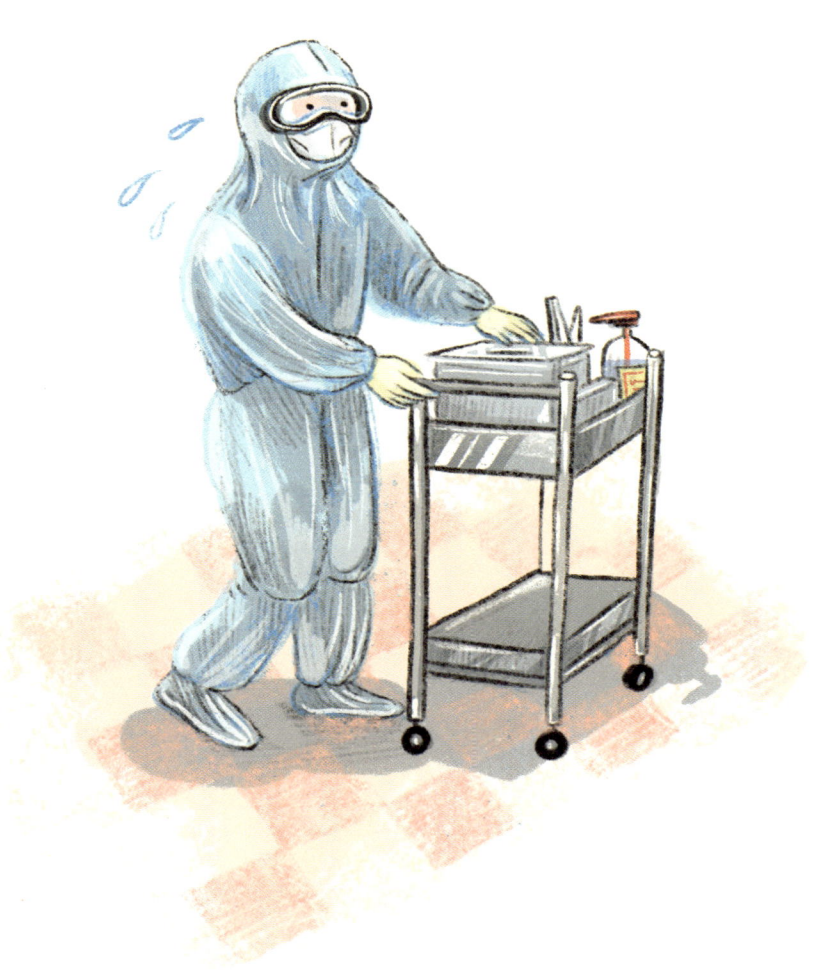

    마지막으로 한마디만 더하자면, 코로나19에 맞서 의료진을 비롯해서 많은 사람이 구슬땀을 흘리고 있다. 의료진이라고 하면 으레 의사를 떠올리기 쉽지만, 의사 못지않게 고생하는 사람이 간호사다. 간호사들은 레벨D 방호복을 입고 직접 환자를 돌보고 온갖 궂은일을 도맡아 한다. 우주복처럼 생긴 레벨D 방호복을 입으면 겨울에도 땀이 난다. 여름에 그런 방호복을 입고 근무하면 물에 빠진 것처럼 온몸이 다 젖는다.

보이지 않는 곳에서 코로나19에 맞서 싸우는 이들의 헌신과 희생을 기억해야 한다. 국제간호협의회에 따르면, 2020년 8월 중순까지 코로나19로 인해 44개국에서 간호사 1000여 명이 숨졌다. 전 세계에서 숨진 간호사의 수는 수천 명에 달할 것으로 추산된다. 의료진, 역학 조사관, 보건소 공무원, 환자 이송을 책임지는 구급대원과 소방대원 등이 보이지 않는 곳에서 코로나19와 싸우고 있다.

오늘도 나는 CCTV를 확인하느라 밤늦게까지 모니터를 응시한다. 몸과 마음이 그야말로 바닥을 치고 있다. 이렇게 늦게 퇴근하고도 집에서 잠깐 자고 아침 일찍 출근해야 한다. 코로나19 확진자가 급증해서 일이 산더미처럼 쌓인 날은 코로나19에 걸리는 꿈을 꾸곤 한다. 나만 걸리는 게 아니라 온 가족이 전부 걸리는 그런 꿈이다.

그러나, 그럼에도, 오늘도 나는 다짐한다.

'내가 아니면 이걸 누가 하겠어? 그래, 버텨 보자.'

단 한 명의 감염자라도 놓친다면 그 사람이 수십 명, 수백 명을 감염시킬 수도 있다. 결국 내 손에 수백 명, 어쩌면 수만 명의 목숨이 달려 있는지도 모른다. 공동체의 운명이 나 같은 역학 조사관들의 손에 달려 있는 것이다. 그러니 이 악물고 버텨야 한다.

코로나가 일깨워 준 것

인류 역사는 전염병에서 자유롭지 못했어. 대규모 전염병은 인류의 역사를 바꿔 왔어. 미국 UCLA(캘리포니아대학교 로스앤젤레스캠퍼스) 교수 제러드 다이아몬드는 《총, 균, 쇠》에서 "질병은 인간을 죽게 만드는 가장 큰 요인인 동시에 역사를 변화시키는 결정적 요인이었다."라고 했지. 전염병은 고대부터 인류를 괴롭혔어. 제국을 파괴하고 문명을 위협했지. 중세의 흑사병은 봉건제 몰락을 재촉했어. 유라시아에선 흑사병 이래 각종 전염병이 문명의 근간을 흔들었지. 아메리카에선 천연두가 아스테카왕국과 잉카제국을 무너뜨렸어. 천연두로 아메리카 원주민의 90퍼센트인 1억여 명이 희생된 것으로 추정돼.

코로나19도 우리 삶을 바꿀 가능성이 크지. 전염병의 세계적 대유행 속에서 인류는 허둥지둥, 우왕좌왕 갈피를 잡지 못했어. 코로나19 이후 또 다른 전염병으로 코로나23이나 코로나24가 온다면 인류는 지금보다 더 잘 대처할 수 있을까? 프랑스 과학철학자 조르주 캉길렘은 일찍이 이렇게 말했어. "건강을 회복한다는 것은 원상태로 복귀하는 것이 아니고 새로운 질서를 창출하는 것이다."라고. 전염병의 세계적 대유행은 언제든 다시 반복될 수 있어. 변하지 않으면 비슷한 위기가 또 찾아올 거야.

바이러스의 습격

 2020년 1월 30일, 세계보건기구는 코로나19 비상사태를 선언했어. 세계보건기구가 비상사태를 선언한 것은 2009년 신종플루, 2014년 소아마비, 2014년 서아프리카 에볼라, 2016년 지카바이러스 감염증, 2019년 콩고민주공화국(DRC) 에볼라, 다섯 번뿐이었지. 그리고 3월 11일에 세계보건기구는 코로나19의 팬데믹을 선언했어. 전염병이 여러 대륙에 걸쳐 전 세계를 덮치면 팬데믹(Pandemic), 즉 '세계적 대유행'이라 부르지.

 세계적 대유행이 아주 낯선 건 아니야. 1945년 제2차 세계 대전 이후로만 잡아도 200만 명의 희생자를 낸 1957~1958년 아시아 독감, 100만 명의 희생자를 낳은 1968~1969년 홍콩 독감, 20만 3000명의 희생자를 부른 2009년 신종플루가 있지. 모두 인플루엔자 바이러스로 발생한 세계적 유행이었어.

전염병 잔혹사

 인류사에서 전쟁보다 전염병으로 죽은 사람이 훨씬 많지. 14세기 유행한 페스트(흑사병)를 빼놓을 수 없어. 원인은 쥐벼룩에 붙어사는 페스트균이야. 14세기 중국에서 발병해 당시 인구 3분의 1에 해당하는 3000만 명을 희생시켰고, 실크로드를 따라 유럽으로 건너가 7500만 명에서 2억 명을 죽음에 이르게 했어. 유럽 인구의 30~60퍼센트가 이 병으로 숨진 것으로 추정되지. 수억 명이 숨지고 이전 수준의 인구수를 회복하는 데 자그마치 200년이 걸렸어.

20세기에는 스페인 독감이 전 세계를 덮쳤어. 스페인 독감은 1918년에 발생해서 약 5억 명이 감염돼 대략 5000만 명에서 1억 명의 사망자를 냈지. 제1차 세계 대전보다 많은 희생자를 냈어. 제1차 세계 대전에서 2000만 명의 군인과 1100만 명의 민간인이 희생된 것으로 추정되거든. 한반도에도 피해를 입혔어. 조선에서는 무오년인 1918년 대대적으로 퍼져 '무오년 역병'으로 불렸지. 당시 한반도 인구는 1678만여 명이었는데 742만 명이 감염돼 14만 명이 사망했어.

호랑이보다 무서운 마마라는 뜻의 '호환마마(虎患媽媽)'는 천연두를 뜻해. 천연두는 한반도에서 가장 오래된 전염병으로 기록돼 있어. 기원후 6세기경 마한 시대 한반도에 유입된 것으로 추정되지. 치사율이 30퍼센트였어. 호랑이보다 무서울 만했지. 우리나라에서는 1960년에, 전 세계적으로는 1980년에 천연두가 완전히 퇴치됐어. 무려 1500년 가까운 기간 동안 인류를 괴롭혀 온 거야. 하나의 질병을 정복하는 일이 얼마나 길고 어려운 일인지 짐작할 수 있지.

휘청거리는 사람들

코로나19의 대유행은 지금까지 보이지 않았던 사람들을 보게 했어. 사회적 위험은 평등하지 않아. 재난 상황에서 사회적 약자가 더 고통받고 더 많이 죽거든. 폭염 등 기후 위기에서 볼 수 있듯, 코로나19가 미치는 영향은 인종·세대·직업·계층에 따라 다르지. 특히 한국 사회에서는 고령 세대, 자영업자, 비정규직 등이 코로나19로 큰 위험과 어려움에 처했어.

대표적으로 건강 불평등을 들 수 있지. 예를 들어 미국 주요 외신은 2020년 4월 미국 각지에서 발표한 집계를 종합한 결과 코로나19 사망자 중 흑인(아프리카계 미국인)이 42퍼센트에 달한다고 보도했어. 이는 미국 인구의 흑인 비율인 21퍼센트를 훨씬 웃도는 수치였어. 일부 지역은 흑인의 코로나19 사망률이 더욱 심각했지. 미시간주는 흑인 비율이 14퍼센트에 불과한 반면, 코로나19로 인한 사망자의 50퍼센트를 넘었어.

코로나는 노동자의 현실도 일깨웠지. 우리나라의 경우 구로 콜센터와 택배 물류 센터 집단 감염은 코로나19가 모두에게 공평하지 않다는 걸 보여 줬어. 콜센터 직원들은 밀폐, 밀집, 밀접한 환경, 즉 '3밀(密)'이라고 부르는 위험한 환경에서 환기도 제대로 못하고 칸막이도 없이 근무했지. 또한 아파도 쉬지 못하고 근무해야 하는 문제도 있었어. 열이 나고 몸이 아프면 출근을 자제하고 경과를 지켜보라고 방역 당국이 수차례 당부했지만, 아파도 쉬지 못하는 분위기라서 방역 수칙이 잘 지켜지지 않았어.

외부 활동 축소, 배달 주문 증가, 온라인 쇼핑 확대 등은 코로나19가 불러온 비대면 일상의 단면이야. 이런 상황에서 자영업자들은 휘청할 수밖에 없었지. 특히 고깃집이나 노래방 등 배달이 어려운 업종의 타격이 컸어. 자영업자들은 저금리 대출을 받기 위해 새벽부터 장사진을 이뤘지. 전염병 사태 속에서 생업에 타격을 입고 생계가 막막한 상태였거든. 그런데 그런 사람들이 너무 많았어. 이유가 뭘까? 한국인의 핏속에 장사 기질이라도 들어 있는 걸까? 당연히 아니지. 좋은 일자리, 안정적인 일자리가 부족하니까 자영업으로 내몰리는 거야.

보이지 않는 관계의 끈

　2020년 1월부터 3월 사이, 영국에서 중국인을 상대로 발생한 증오 범죄 건수가 전년과 전전년의 같은 기간과 비교해 거의 세 배나 증가한 것으로 나타났어. 코로나19로 인한 혐오 범죄로 추정되지. 코로나19가 만들어 낸 혐오의 표적은 동심원을 그리듯 커졌어. 중국인은 우한 출신을, 아시아인은 중국인을, 서양인은 아시아인을 '잠재적 보균자'로 여기면서 저마다의 방식으로 혐오와 차별을 일삼았어.

　그러나 혐오의 시선을 거두면 모두가 이어져 있다는 사실을 깨닫게 되지. 코로나19가 우리에게 가르쳐 준 2미터의 사회적 거리 두기. 거리 두기는 역설적이게도 우리가 얼마나 가까운 존재인지를 깨닫게 해. 일터를 비롯해 학교, 식당, 버스, 지하철 등에서 사람들은 같은 공기를 들이쉬고 내쉬지. 내가 내쉰 공기가 누군가의 폐로 들어가고, 누군가 내쉰 공기가 내 폐로 들어와. 사람과 나무, 사람과 동물, 사람과 자연도 다르지 않아. 모든 생명은 거대한 사슬로 묶여 있어. 혼자서는 살아갈 수 없어. 어울려 살고, 어울려 헤쳐 나가야 해.

의료 공공성

　혼자만 안전할 순 없다는 생각은 공공성에 대한 인식 변화에 영향을 미쳤어. 주목할 만한 부분은 국민 건강 보험에 대한 인식일 거야. 2020년 코로나19가 한창 기승을 부릴 때 여론 조사 기관인 한국리서치의 조사 결과에 따르면, 국민의 92.1퍼센트는 국민 건강 보험에 대해 '긍정적'으로 생각했어. 압도적으로 높은 비율이지. 다른 나라에 비해 건강 보험의 가치와 효용을 피부로 느꼈기 때문일 거야. 무료 검사, 무료 치료 등을 경험하면서 건강 보험의 우수성을 체감했어. '우리나라 국민 건강 보험의 중요성을 새삼 깨닫게 됐다.'는 답변도 94.1퍼센트에 달했어.

공공성이 두드러진 정책에 대한 생각에도 영향을 줬지. 무상 급식이나 무상 교복이 사회주의 정책이라고 핏대를 세우던 사람들도 한창 마스크가 부족해 난리가 났을 때는 '공적 마스크 제도'에 반대하지 않았어. 심지어 국가가 마스크를 직접 나눠 줘야 한다는 주장도 나왔지. 청년 수당이나 청년 기본소득 등의 정책을 포퓰리즘(대중의 인기를 좇는 정치 형태)이라고 비난하던 이들이 재난 지원금의 필요성에는 동의했어. 달라진 이유가 뭘까? 남의 문제가 아니라 나의 문제라고 느껴서겠지.

백신이 전쟁을 끝낼까?

2021년 6월 기준, 전 세계 확진자는 1억 7천만 명이 넘고, 사망자는 350만 명이 넘지. 코로나19 바이러스가 퍼지기 시작한 지 1년 만에 백신 접종이 시작됐어. 전 세계적으로 백신 접종은 시작됐지만, 앞으로 어떻게 될지는 더 두고 봐야 할 것 같아.

최강석 교수는 《바이러스 쇼크》에서 "단 하루, 바이러스가 한 세대를 거치는 데 필요한 기간이다."라고 했어. 한 세대를 거치는 데 평균 30년이 걸리는 인간과 비교해서 바이러스의 세대교체가 얼마나 빠른지 알 수 있지. 바이러스 변종이 발생하는 데 걸리는 시간이 그 정도로 짧다는 의미야. 바이러스의 전염을 막는 일은 그만큼 어렵지. 백신을 만들어도 변이 바이러스가 백신을 무력화할 수 있거든.

　지금까지 영국, 남아공, 브라질, 인도 등에서 변이 바이러스가 출현해 사람들을 긴장시켰지. 2021년 6월 현재 인도 변이 바이러스(델타 변이)가 인도와 영국을 중심으로 급속히 퍼지고 있어. 전 세계적으로 백신 투약이 완료된 이후도 안심할 수 없는 이유야. 변이 바이러스를 완벽히 통제할 수 있을지 좀 더 두고 봐야 하는 상황이지. 이번 바이러스와의 전쟁에서 인류가 이긴다 해도, 영원한 승리는 아닌 거야. 더 치명적인 바이러스가 언제든 다시 찾아올 수 있거든.

바이러스는 돌아온다

　바이러스성 전염병은 왜 계속 생겨날까? 무분별한 개발과 파괴가 원인이야. 인간이 열대 우림 등을 밀어내고 야생 동물을 가축화하거나 사냥해서 잡아먹는 과정에서 바이러스가 옮았을 가능성이 높거든. 20세기 이후 나타난 신종 감염병 중 75퍼센트가 동물에게서 유래했어. 가령 스페인 독

감, 홍콩 독감, 신종플루 등 치명적인 전염병들은 모두 인간이 박쥐나 설치류(쥐류)에서 유래한 바이러스에 감염돼 발병한 것으로 추정되지.

또 다른 문제는 기후 변화야. 기후 변화는 바이러스 확산을 부추길 수 있거든. 지구의 기온이 오르면 적도에 있는 수천 종의 바이러스가 퍼질 수 있어. 기온 증가는 모기 등 곤충 매개 감염병의 분포 지역을 넓히거든. 극지방은 더 문제야. 빙하가 녹으면 그 안에 갇힌 고대 바이러스가 깨어날 수 있어. 빙하에 갇힌 바이러스만 100만 종이지. 그중 1퍼센트만 살아나도 1만 종이야. 부활한 바이러스로 신종 전염병이 유행한다면 면역력이 없는 인류에게 치명적이겠지.

사실 열대 우림에 살아가는 동물은 일반인과 마주칠 일이 거의 없었어. 그런데 점점 그런 동물과 사람의 생활권이 겹쳐지고 있지. 바이러스가 새로운 감염병을 일으키지 못하게 하는 가장 확실한 방법은 인류가 자연을 더 이상 침범하지 않고 보존하는 것일지도 몰라. 바로 이것이 인류가 코로나19를 경험하며 깨달아야 할 교훈 아닐까? 미래학자 헤이즐 헨더슨은 "위기를 낭비하는 것은 범죄"라고 했어.

지금의 선택이 미래의 확률을 결정한다.
—블레즈 파스칼

원자력 발전

녹색 포장 비닐의 비밀

엄마가 주방에서 나오며 아들을 불렀다.
"쇼타! 유키는 어딨어?"
쇼타는 주변을 두리번거리며 말했다.
"어, 방금까지 거실에서 놀고 있었는데……."
여동생 유키를 돌보는 일은 쇼타의 몫이었다. 학교에 다녀오면 쇼타는 여동생을 돌봐야 했다. 아빠는 저녁에나 돌아왔고, 엄마는 쇼타가 학교에서 돌아오면 파트타임으로 일을 나갔다.
"제가 나가서 찾아볼게요."
쇼타는 부리나케 집 밖으로 나갔다.
"유키, 어딨어?"

집 앞마당에 동생은 없었다. 쇼타는 골목길로 뛰어나가 주변을 살폈다. 담장 옆 작은 공터에 쌓아 놓은 커다란 녹색 포장 비닐 근처에도 동생은 없었다.

"휴……, 다행이다."

저 멀리 골목 끝에 동생으로 보이는 아이가 쪼그려 앉아 있었다. 쇼타는 물웅덩이를 피하며 재빨리 달려갔다. 장마철이라 비가 내렸다 그치기를 반복해 여기저기 물웅덩이가 만들어졌다.

"유키! 거기서 뭐 해?"

동생은 쪼그려 앉아서 커다란 지렁이를 보고 있었다.

"지렁이네? 요 며칠 비가 와서 지렁이가 땅 밖으로 나왔나 보다."

"오빠, 지렁이는 비가 오면 왜 땅 밖으로 나와?"

"지렁이도 사람처럼 숨을 쉬는데, 비가 오면 땅속에 물이 차잖아. 그래서 숨쉬기가 힘들어서 밖으로 나오는 거래."

동생은 잘 알겠다는 듯 고개를 끄덕였다. 쇼타는 동생을 데리고 집으로 돌아갔다. 엄마가 걱정할 것 같아 빠른 걸음으로 걸었다.

"유키, 어디서 놀았어?"

엄마는 나갈 채비를 바삐 하며 물었다.

"밖에서 지렁이 봤어."

"그랬구나. 엄마 얼른 가 봐야 하니까 오빠랑 저녁 먹어."

"응."

"쇼타, 밥 먹고 유키 좀 씻겨 줘."

"알겠어요."

"그리고, 녹색 포장 비닐 주변에서 놀지 못하게 잘 살피고."

"네."

대답은 그렇게 했지만, 쇼타는 이래저래 불만이었다. 동생은 잘 먹고 잘 쌌다. 그 모든 뒤치다꺼리는 쇼타 담당이었다. 동생은 가만히 있지 않았다. 잠시만 한눈을 팔면 금세 어디로 사라지고 없었다. 그런 동생을 돌보고 챙기느라 쇼타는 숙제할 시간도 없었다.

'이건 거의 보모 수준이야.'

쇼타는 그렇게 생각했다.

물론 동생이 사랑스러울 때도 많았다. 특히 시도 때도 없이 안기는 동생은 미워할 수 없었다. 조그만 녀석이 가슴팍에 푹 안길 때면 쇼타는 마치 아빠가 된 기분이었다.

우르르 쾅쾅 쾅쾅쾅!

그날 밤, 천둥소리가 요란하게 울리고 비가 세차게 내렸다. 태풍까지 북상해 밤새 나무들이 요동치고 창도 흔들렸다. 날이 밝자 아침 뉴스는 지나가던 행인이 강풍에 떨어진 간판에 맞았다는 소식과 유원지에 고립된 관광객들이 구조됐다는 소식을 전했다.

쇼타의 등굣길은 평소보다 험난했다. 거센 바람이 쇼타의 얼굴을 할퀴었다. 태풍은 물러갔지만, 바람이 여전히 강하게 불었다. 여기저기에 나무들이 쓰러져 있었고, 나뭇가지와 나뭇잎, 온갖 쓰레기들이 길 위를 나뒹굴었다. 그것만이 아니었다. 동네 이곳저곳에

쌓아 둔 녹색 포장 비닐들도 군데군데 찢기고 벗겨졌다. 그 속에 담긴 흙도 쏟아져 흘러내리고 있었다. 그 모습을 쇼타가 걱정스러운 눈빛으로 보았다.

그 뒤로 며칠이 흘렀다. 이번에도 쇼타는 집 밖으로 동생을 찾아 나섰다. 집 주변을 살피다가 쇼타는 숨이 멎는 듯했다.

"유키, 뭐 하는 거야?"

쇼타가 놀란 눈으로 소리를 질렀다.

"흙 속에 지렁이가 있는지 찾고 있어."

두 손에 흙을 잔뜩 묻힌 동생이 웃으며 대답했다.

"유키, 녹색 포장 비닐 근처에서 놀지 말라고 엄마, 아빠가 신신당부하셨잖아?"

"알아."

"근데 왜 거기서 놀고 있어?"

쇼타의 목소리가 점점 커졌다.

"저쪽은 포장 비닐로 덮여 있는데, 이쪽은 포장 비닐이 벗겨져서 없지? 그래서 포장 비닐이 없는 이쪽에서 놀고 있었잖아."

"너 정말?"

쇼타는 깊은 한숨을 쉬었다.

"알았어. 어서 들어가서 몸부터 씻자."

동생은 손톱 밑까지 새까맸다.

"이게 뭐야? 엄마, 아빠가 이걸 보면 뭐라 하시겠어?"

쇼타는 동생에게, 또 자신에게 화가 났다.
쇼타는 동생의 손목을 잡아끌었다.
"오빠, 아파."
"빨리 와. 얼른 씻어야 돼."
쇼타는 동생의 옷을 다 벗기고선 온몸을 씻겼다. 쇼타가 동생의 온몸을 빡빡 문질렀다. 엄마가 쇼타를 목욕시킬 때처럼 아주 세게 문질렀다.
"아! 아파."
"가만히 있어. 깨끗하게 안 씻으면 안 돼."

쇼타의 목소리는 단호했다.
"아프단 말이야."
동생이 몸을 빼자 쇼타가 소리를 꽥 질렀다.

"가만히 좀 있으라고!"

동생이 코를 벌렁거리더니 이내 울음을 터뜨렸다. 동생은 몸속에 담긴 물을 전부 빼내려는 듯 눈물과 콧물을 쏟아 냈다. 쇼타도 눈물이 났다. '부모님이 그렇게 신신당부를 하셨는데, 내가 다 망쳐 버렸어.'라고 생각하자 서러움이 복받쳤다. 쇼타는 알몸의 동생을 부둥켜안은 채 펑펑 울었다. 뺨 위로 하염없이 눈물이 흘러내렸다. 둘의 울음소리가 욕실을 가득 채웠다.

한참을 울고 나니 배가 고팠다. 쇼타는 동생을 부엌으로 데려갔다. 쇼타는 시리얼이 담긴 그릇에 우유를 부어 주며 말했다.

"오늘 있었던 일은…… 유키랑 오빠랑 둘만의 비밀이야."

"응."

두 사람은 오늘 일을 둘만의 비밀로 하기로 약속했다. 동생은 둘만의 비밀이 생겨서 좋다는 듯 연신 고개를 끄덕였다.

"엄마랑 아빠한테는 절대 말하면 안 되는 거야."

쇼타는 한 번 더 다짐을 받으려는 듯이 말을 이어 갔다.

"말하면 배신자 되는 거야. 유키, 배신자 되고 싶어?"

쇼타가 눈을 동그랗게 뜨며 대답을 재촉하자 동생이 힘차게 고개를 가로저었다.

"아니."

그로부터 8개월 뒤, 엄마와 아빠는 잠든 동생을 안고 집으로 들어왔다. 병원에 다녀오는 길이었다. 엄마는 어깨를 축 늘어뜨린 채

였다. 엄마와 아빠는 무슨 일인지 쇼타에게 말하지 않았다. 다음 날부터 집안 분위기가 달라졌다. 엄마는 일을 그만뒀고 아빠는 퇴근 시간이 빨라졌다.

하루는 한밤중에 쇼타가 오줌이 마려워 잠에서 깨 화장실로 가는데, 안방에서 울음소리가 났다. 엄마의 울음소리였다. 문틈으로 들리는 울음소리에 쇼타는 마음이 무거워졌다. 얼마 뒤 엄마와 아빠는 계속 쇼타에게 비밀로 할 순 없다고 생각했는지, 동생의 질병을 알려 줬다.

"유키가 갑상선암에 걸렸어. 아직 초기라서 치료를 잘 받으면 괜찮을 거래."

쇼타의 가슴에 묵직한 돌이 쿵 하고 떨어졌다. 그 뒤로 쇼타는 집에 있을 수가 없어 자주 집 밖으로 나왔다. 엄마와 아빠가 집 안에 머무는 시간이 늘어난 반면에 쇼타는 집 밖에서 지내는 시간이 늘었다. 왠지 집 안에 있기가 부담스러웠다.

"녹색 포장 비닐에 손대지 말라고 했지?"

앞집 아오이가 시게루를 혼내고 있었다. 아오이는 같은 반 여학생이었다. 아오이의 남동생 시게루는 유키보다 한 살 어렸다.

"싫어. 손댈 거야."

"너 자꾸 이럴래. 왜 이렇게 말을 안 들어?"

아오이가 시게루를 혼내는 모습을 보자 쇼타의 눈에서 굵은 눈물방울이 뚝뚝 떨어졌다. 자기가 동생을 잘 보살피지 못해서 동생이 나쁜 병에 걸렸다는 생각 때문이었다. 쇼타가 울면서 집 안으로 뛰어 들어갔다.

"엄마, 아빠! 제 잘못이에요."

엄마와 아빠는 무슨 영문인지 모른 채 눈이 똥그래졌다. 쇼타는 울면서 저간의 사정을 설명했다. 사실 유키가 큰 병에 걸린 건 모두 자신의 잘못이라고 고백했다. 말하고 나니 가슴이 뻥 뚫린 듯했다.

"제가 다 잘못했어요."

쇼타의 눈에서 눈물이 그치지 않았다. 쇼타의 말이 끝나자 엄마와 아빠가 쇼타를 안아 줬다.

"쇼타, 네 잘못이 아니란다."

아빠가 쇼타를 안은 채 말을 이어 갔다.

"유키는 그 일 때문에 병에 걸린 게 아니야. 녹색 포장 비닐 안에 있는 오염된 흙이 몸에 나쁜 건 맞지만, 그런 흙을 한 번 만진다고 바로 병에 걸리진 않아."

쇼타는 벌게진 눈으로 물었다.

"정말요?"

엄마도 아빠 의견에 동조했다.

"아빠 말씀이 맞아. 오랜 시간 방사능이 유키 몸에 쌓여서 병이 생긴 거야."

엄마와 아빠가 오히려 더 미안했다. 유키가 병에 걸린 건 쇼타가 아니라 자기들 탓이라고 생각했다. 그때 후쿠시마로 돌아오지 말

앉어야 했다. 엄마와 아빠는 똑같은 후회를 하고 있었다. 하지만 엄마와 아빠도 어쩔 수 없었다. 다른 지역에 집을 구할 돈도, 마땅한 일자리도 없었기 때문이다. 어쩔 수 없이 돌아왔지만, 결국 이렇게 되고 말았다.

엄마와 아빠는 결심했다. 비록 다른 지역에서는 집도, 일자리도 구하기 어렵지만 아이들을 위해서는 이곳을 떠나야겠다고. 쇼타마저 병에 걸리게 할 순 없다고. 오래지 않아 쇼타 가족은 후쿠시마를 떠나 요코하마로 이사했다. 겨울에서 봄으로 가는 길목이었다.

방사능의 위험은 사람을 가리지 않는다. 아이든 어른이든 모두가 위험하기는 마찬가지다. 아니, 아이들에게 더 치명적일 수 있다. 의학 교과서에는 소아갑상선암이 100만 명당 1명 발생하는 것으로 나와 있다. 그런데 후쿠시마에서 원전 사고가 발생한 2011년 이전에 18세 이하였거나 사고 후 1년 이내 태어난 어린이 총 38만여 명 중 갑상선암에 걸린 아이들은 218명(2019년 3월 기준)이다. 교과서에 나와 있는 보통의 경우보다 60배나 높은 것이다.

유용한 에너지일까, 위험한 폭탄일까?

원자의 세계는 가장 작은 세계야. 가장 작은 세계에 속한 원자력은 가장 강한 무기가 되기도 하고 엄청난 에너지원이 되기도 해. 원자력을 활용한 핵무기는 길게 설명하지 않아도 되겠지? 원자력은 석탄의 300만분의 1의 양으로 전기를 생산할 수 있어. 같은 양의 전기를 만드는 데 우라늄은 1킬로그램만 있으면 되지만 석탄은 무려 3000톤이 필요하지. 석유는 9000드럼이 필요해. 우라늄을 이용하는 원전이 그만큼 효율성이 높은 거겠지.

원자력은 효율성이 높은 만큼 위험성도 높아. 가령 1986년에 발생한 러시아 체르노빌 사고로 5년간 7000명이 사망했고 70만 명이 치료를 받았지. 원전 고장 등으로 인한 방사능 유출도 문제지만, 방사성 폐기물 처리도 큰 문제야. 원전에서 사용한 장갑, 작업복, 필터, 기계 부품 등 중·저준위 폐기물의 관리 기간이 대략 300년인 반면에, 전기를 만들고 남은 핵연료와 원전 해체 폐기물 등 고준위 폐기물은 최소 1만 년 이상이야.

끝나지 않은 악몽

'제2의 재건'. 일본 정부가 2020년 도쿄올림픽을 준비하며 내세운 타이틀이야. 2011년 동일본 대지진의 직격탄을 맞은 도호쿠 지역을 올림픽을 계기로 부흥시키겠다며 그런 타이틀을 내걸었지. 그래서 올림픽 성화도 후쿠시마에서 출발하기로 계획했어.

일본 정부는 방사선량 수치가 대부분 정상이라고 주장하고 있어. 후쿠시마현이 운영하는 인터넷 사이트에는 일본 정부가 측정한 방사선량이 실시간으로 올라오지. 일본 정부가 내놓는 수치만 보면 원전 사고 당시에 비해 대부분 지역의 방사선량이 정상으로 돌아온 것처럼 보이는 게 사실이야.

그런데 한국의 한 방송사가 일본 현지에 가서 측정해 보니 일본 정부가 공개하는 수치가 실제와 달랐어. 현지에서 확인해 보니, 측정기를 30센티미터 두께의 시멘트 바닥 위에 설치한 탓에 측정 수치가 정확하지 않았어. 시멘트가 없는 맨땅을 측정해 보면 방사능 수치가 올라가지. 후쿠시마현 공식 데이터가 1이라면 맨땅은 2, 주변 야산은 3이 나왔어. 그런데도 일본 정부는 문제가 거의 해결된 것처럼 홍보했지. 후쿠시마 지역이 안전하다는 억지 주장을 폈던 거야. '제2의 재건'은커녕 '제2의 재난'이라는 지적이 잇따른 이유야.

이웃 나라의 피해

후쿠시마 원전 사고는 국제원자력기구에서 설정한 '국제 원자력 사고 등급'에서 최고 등급인 7등급을 받았어. 지금까지 7등급을 받은 원전 사고는 체르노빌 원전 사고와 후쿠시마 원전 사고가 유일하지.

후쿠시마 원전 사고의 후유증은 일본만의 문제가 아니야. 후쿠시마 제1원전 내 991개 탱크에는 방사능 오염수 117만 톤이 보관되어 있어. 핵연료 냉각에 사용된 오염수야. 일본 정부는 이 오염수를 해양 방출로 처리할 계획이야. 그렇게 되면 바다가 방사능 물질에 오염될 거야. 이웃 국가인 우리나라에도 영향을 줄 수밖에 없겠지. 후쿠시마 오염수 문제는 원전 사고가 개별 국가를 넘어서 이웃 국가에까지 영향을 미친다는 사실을 보여 주지.

중국의 원전은 동중국해를 따라 바닷가에 쭉 늘어서 있어. 한국과 마주 보고 있는 하이양 원전에서 인천까지 거리는 400킬로미터에 불과하지. 서울-부산 거리와 비슷해. 중국에서 원전 사고가 발생하면 한반도 전체가 24시간 이내에 방사능 직격탄을 맞게 되지. 방사능이 서쪽에서 동쪽으로 부는 편서풍을 타고 한반도를 덮칠 테니까. 봄철에 날아오는 황사를 떠올려 보면 금방 와 닿을 거야.

한반도의 동쪽에 위치한 일본 후쿠시마와는 상황이 다르지. 후쿠시마 원전은 바닷물 오염을 통해 우리에게 피해를 줄 수 있지만, 방사능이 직접적으로 우리나라 쪽으로 날아오는 건 아니야. 그런데 중국에서 사고가 발생하면 방사능이 우리에게 직접적인 피해를 주게 돼 있어. 이런 상황을 생각하면 국내 원전을 잘 관리하는 게 다 부질없어 보이지. 우리가 아무리 노력해도 중국발 재난은 막을 수 없으니까.

중국이 보유한 원전은 51기에 달하지. 게다가 11기를 추가로 건설 중이고, 건설 예정인 원전도 44기나 된다고 해. 몇 년만 지나면 중국은 세계

최대 원전 보유국이 될 거야.

우리의 원전은 안전할까?

흔히 원자력 발전소의 사고 확률을 '100만분의 1'이라고 하지. 그런데 '100만분의 1'의 확률이라는 말이 무색하게 지금까지 심각한 원전 사고가 6기 원전에서 발생했어. 원자로의 중심부인 노심이 녹아내리는 사고가 말이야. 현재 전 세계에서 가동 중인 원자력 발전소는 총 449기에 달해. 이렇게만 본다면 확률은 '100만분의 1'이 아니라 '100분의 1' 이상이 되겠지.

- 1979년 3월 28일
  미국 펜실베이니아주의 스리마일섬 원전 2호기 방사능 누출 사고
- 1986년 4월 26일
  우크라이나 공화국의 체르노빌 원전 4호기 방사능 누출 사고
- 2011년 3월 11일
  일본 후쿠시마 원전 4기(4호기가 아니라 원자로 4개) 방사능 누출 사고

지금까지 발생한 원전 사고를 보면, 원자력 발전소가 가장 많은 나라 순서대로 사고가 발생했다는 점을 알 수 있어. 미국(93기), 러시아(38기), 일본(33기) 순서였지. 프랑스(56기)만 건너뛰고 원전이 많은 나라들에서 예외 없이 사고가 발생했어. 단순히 우연일까? 그랬으면 좋겠지만, 아니라면 끔찍하지. 원전 수가 적지 않은데 아직 사고가 발생하지 않은 곳이 어디일

까? 중국(51기)과 한국(24기)이야.

'100만분의 1'은 설계상의 오류로 원자력 발전소 노심, 즉 원자로의 중심부에서 사고가 발생할 확률일 뿐이야. 설계와 시공의 오류가 전혀 없을 때, 수십 년을 한결같이 가동과 정비가 정상적으로 이루어지고 24시간 연료 공급이 끊기지 않을 때, 원전에서 일하는 사람들이 결정적인 실수를 저지르지 않을 때, 예기치 않은 자연재해나 전쟁 등의 불상사가 일어나지 않을 때 비로소 가능한 확률이거든.

원전은 저렴할까?

이런 안전 문제에도 불구하고 원전을 고집하는 건 경제적이라는 이유 때문이야. 원자력 발전의 경제성을 뒷받침하는 근거로 우선 전기를 만드는 비용을 들 수 있지. 에너지원별 생산 단가라는 게 있어. 쉽게 말해서 같은 양의 전기를 생산할 때 드는 에너지원별 비용을 뜻해. 원자력 발전은 다른 에너지원보다 훨씬 쌌어. 원자력이 매우 효율적이었지.

그런데 시간이 갈수록 다른 에너지원들의 발전 단가가 낮아지고 있어. 미국 에너지정보청(EIA)의 발표에 따르면 1메가와트시(MWh)당 풍력발전 52.2달러, LNG 56.5달러, 태양광 66.8달러, 원자력 99.1달러, 석탄화력 140달러야. 영국 정부가 발표한 보고서 역시 비슷한 내용을 담고 있어. 2025년 가동 예정인 영국 발전소들의 평균 1메가와트시당 단가는 풍력발전 61파운드, 태양광 63파운드, LNG 82파운드, 원전 95파운드, 석탄 138파운드야.

원전 하나를 지으려면 3조 5000억 원, 폐쇄하려면 1조 원이 필요하지. 거기에 원전 관리, 사용 후 핵연료 처리 등의 비용도 만만치 않아. 원전이 노후할수록 부품의 수리와 교체 등 안전 비용도 늘어나지. 가장 큰 비용은 핵연료 처리 비용이야. 일본원자력위원회에 따르면, 원전 1기의 핵폐기물 처리 비용이 3조 1400억 원이지. 한국에 25기의 원전이 있으니 78조 원 이상의 비용이 든다고 추산할 수 있어.

천문학적인 사고 처리 비용

사고라도 나면 수습 비용은 상상을 뛰어넘지. 체르노빌 사고를 수습하는 데 자그마치 265조 원이 들었다고 해. 가장 최근에 발생한 후쿠시마 원전 사고는 직접적인 피해액뿐 아니라 사고 처리 비용까지 감안하면 피해액이 눈덩이처럼 불어나게 돼. 아직도 수습 중이고 발표 기관에 따라 차이는 있지만, 최소 200조 원에서 최대 800조 원까지 얘기하지. 우리나라에서 원전 사고가 발생하면 피해 규모가 얼마나 될까? 한국전력공사 보고서에 따르면 고리원전만 2492조 원에 달해.

언젠가는 지불해야 하지만 당장 나가지 않는다면 비용이 아니라고 말할 수 있을까? 지금까지 원자력 발전소를 늘리는 정책의 근거가 됐던, 저렴한 생산 단가는 '눈속임 원가'였던 셈이야. 당장 우리 주머니에서 돈이 나가지 않는 게 제일 중요했지. 그러나 당장 주머니에서 돈이 나가지 않는다고 끝이 아니야. 누군가는 비용을 치러야 하니까. 그게 누굴까? 바로 우리의 후손이지. '눈속임 원가'는 탐욕이 만들어 낸 결과야.

부산 기장군에 위치한 고리원전

꺼지지 않는 불덩이

그 외에도 또 다른 중요한 문제가 있어. 모든 연료는 사용 후에 폐기물이 나오지. 석탄, 석유, 가스 등의 화석 연료를 태우면 고체 폐기물이나 이산화탄소가 발생해. 고체 폐기물은 자연으로 돌아가 흙의 일부가 돼. 오늘날 지나치게 많이 배출돼서 문제가 되고 있지만, 이산화탄소 역시 식물의 광합성 재료로 쓰이지. 즉 자연의 일부가 되는 거야. 이처럼 만물은 자연에서 나와서 자연으로 돌아가고, 태어났으면 죽게 마련이야. 핵폐기물만은 예외지.

핵분열의 산물인 핵폐기물은 생명체에 치명적인 강한 방사선과 높은 열을 뿜어내는 위험 물질이야. 약 4년 동안 펄펄 끓은 핵연료는 아주 뜨거워서 임시 저장 수조에 넣어 식히지. 식히는 데만 최소 10년 이상이 걸려. 최소 10년에서 30년까지 계속 열을 내거든. 방사능이 워낙 높아서 사람이 1미터 떨어진 거리에서 불과 17초만 노출돼도 한 달 안에 죽는다고 해. 따라서 핵폐기물은 오랜 세월 동안 생태계와 완벽히 격리된 채로 보관해야만 해.

얼마나 오랫동안 격리해야 할까? 최소 10만 년이야. 저장 수조에서 열을 식힌 핵연료봉은 방사능 때문에 짧게는 10만 년에서 길게는 100만 년까지 보관해야 해. 그 정도의 시간이 지나야 방사능이 없어진다고 해. 인간이 만든 것 중에서 10만 년이나 유지되는 게 있을까? 오랜 건축물들도 수천 년을 버티기 힘들지. 현재 세대를 위해 쓰고 버린 폐기물은 미래 세대에게는 심각한 골칫거리가 될 거야.

폐기물 처리장

더욱 놀라운 사실은 전 세계에 고준위 방사성 폐기물* 처리장이 단 한 곳도 없다는 점이야. 1954년 구소련에서 최초의 원전이 가동된 지 60년이 지났지만 고준위 방사성 폐기물을 안전하게 처리, 보관하는 방법은 개발되지 못했어. 그럼 핵연료봉 같은 핵폐기물은 현재 어떻게 처리, 보관하고 있을까? 원자력 발전소 내부의 임시 보관소에서 보관하지. 문제는 보관 용량이 무한하지 않다는 거야.

에어백이 없는 차를 시속 100킬로미터로 타고 가면서 지금 에어백을 개

---

* 방사선의 세기가 가장 강한 폐기물이야. 원자력 발전에 쓰고 난 연료에서 우라늄과 플루토늄을 추출하고 남은 대량의 방사성 물질이지.

발 중이라고 말하는 것과 같지 않을까? 곧 에어백이 개발될 거라면서 속도를 100, 110, 120, 130…… 계속 높이고 있는 꼴이야. 지금도 원전이 계속 늘어나고 있으니까.

전 세계에서 고준위 방사성 폐기물 처리장을 건설하기 위해 준비하는 나라는 스위스 등 일부에 불과해. 그러나 스위스조차도 수십 년 전부터 방사성 폐기물 처리장을 건설할 곳을 찾고 있을 뿐 첫 삽도 뜨지 못한 상태야. 마땅한 장소를 찾는 게 쉽지 않아서지. 수만 년 뒤의 기후 변화는 물론이고 지진, 화산, 홍수, 전쟁 등 수많은 위험으로부터 안전한 곳을 찾아야 하기 때문이야.

1959년 미군이 그린란드의 빙하를 뚫고 지하에 비밀 기지를 만들어 핵실험을 했어. 이후 기지를 폐쇄하면서 핵폐기물도 그대로 묻어 버렸어. 핵폐기물이 빙하 아래서 안전하게 묻혀 있을 거라 생각했겠지. 그런데 최근 빙하가 빠르게 녹아내리면서 핵폐기물이 노출될 위기에 처했어. 이처럼 핵은 현재 세대의 풍요를 위해 미래 세대의 희생을 요구하지. 사후 관리부터 사후 처리 비용까지 모두 다음 세대에게 떠넘기는 거야. 혜택은 현재 세대가 누리고, 책임은 미래 세대가 져야 하지.

미래는 이미 와 있다. 단지 널리 퍼져 있지 않을 뿐이다.

-SF 소설가 윌리엄 깁슨

ions
6

4차 산업 혁명과 일자리

> 2043년 11월 18일 수요일, 날씨 흐림, 미세먼지 지수 175.

    오랜만에 일기를 쓴다. 이래저래 바빴다. 고등학교를 졸업한 지 3달이 되어 간다. 취업은 생각보다, 아니 생각만큼 어렵다. 얼마 전부터 알바를 시작했다. 아마존의 메커니컬 터크(mechanical turk)에서 일하고 있다.

    메커니컬 터크에는 여러 작업이 있는데, 내가 맡은 일은 성인물 검수다. 광고를 하나하나 클릭해서 성인물인지 아닌지를 검사하는 일이다. AI(인공 지능)가 1차로 걸러 내지만, 최종 검수는 사람 몫이다. 1건당 30원의 수수료를 받는다. 1분에 하나씩 작업해도 1시간에 1800원밖에 못 번다.

요즘 유행하는 성인물들은 야한 영상이 거의 안 나온다. VJ가 야한 이야기를 들려주는 중간에 묘한 눈빛과 몸짓을 보여 주는 식이다. 아마존은 그런 영상도 성인물로 간주해 걸러 낸다. 문제는 똑똑한 AI도 그런 영상을 놓치곤 한다는 점이다. 그 덕분에 내가 알바를 하는 거지만.

일주일 전, 아빠가 일을 그만두셨다. 아니, 잘리셨다. 큰일이다. 본드에 남은 돈이 얼마 없다. 아빠 본드에 아마 70만 원 정도가 있을 것이다. 팔을 걷어 확인해 보니 내 본드에는 36만 3450원이 남아 있다.

본드(bond)는 팔뚝에 이식하는 개인정보-전자결제 시스템을 뜻한다. 만 6세가 되면 누구나 본드를 이식받게 된다. 2040년부터 법적으로 의무가 됐다. 본드가 의무화되면서 주민등록증도, 현금과 카드도 모두 사라졌다.

'이 돈으로 몇 달을 지낼 수 있을까?'

컴퓨터를 잘 다루지 못하는 아빠에게 새 일자리를 찾는 일은 쉽지 않아 보인다. 아빠가 일자리를 찾는 것보다 내가 아마존에 취업하는 게 더 쉬울 것 같다. 이번 달 안에는 어떻게든 취업에 성공해야 하는데……. 답답하다. 앞길이 잘 보이지 않는다.

미래는 태블릿 일기장을 끄고 거실로 나갔다. 어두컴컴한 거실에서 아빠가 텔레비전을 보고 있었다. 요즘 가장 잘나간다는 가수가 현란한 춤과 노래를 선보이고 있었다.

상위 0.002퍼센트! 얼마 전, 뉴스에서 봤던 내용이 미래의 머릿속에 떠올랐다. 유튜브 같은 플랫폼을 활용해 대중에게 큰 영향력을 미치는 연예인, 정치인, 스포츠 스타 등이 상위 0.001~0.003퍼센트에 속한다는 기사였다. 그들보다 위에는 아마존 같은 기업을 소유한 사람들이 있다. 기업인들이 상위 0.001퍼센트이다. 기업인과 연예인, 정치인, 스포츠 스타가 1계급과 2계급을 차지했다.

'나는 4계급에 속한다. 99.997퍼센트의 나머지 사람들이 전부 4계급이다.'

미래가 씁쓸하게 입맛을 다셨다. 3계급은 로봇과 인공 지능 차지였다. 인간을 대체한 로봇과 인공 지능이 대다수 인간보다 더 상위 계급에 속했던 것이다.

"내일 인터뷰 있다며? 얼른 자야지?"

어깨가 푹 꺼진 아빠가 애써 미소를 지어 보였다.

"응. 이제 자려고. 아빠도 너무 늦게 자지 마."

다음 날 아침, 미래는 일찍 일어나 인터뷰 준비를 했다. 오랜만에 화장도 했다. 요즘 유행한다는 '스모키 메이크업'이다. 2000년대에 널리 유행했다는 화장법이 40년 만에 다시 부활했다. 복고 열풍이다.

'몇 번 면접을 해 보긴 했지만, 늘 긴장되는구나.'

면접 기회가 쉽게 오지 않기 때문에 긴장할 수밖에 없었다. 어젯밤 미래는 잠을 설쳤다. 잠이 안 왔지만, 억지로 잠을 청했다. 인사 담당자들은 피곤한 얼굴을 좋아하지 않았다. 그래서 모니터 속 미래는 밝고 환하고 활기찼다. 물론 취업을 위한 연기였다.

컴퓨터를 켜고 채용 기업에 접속했다. 인사 담당자의 얼굴이 모니터에 떴다.

"안녕하세요. 귀사에 지원한 최미래라고 합니다."

환한 얼굴로 시작된 화상 면접은 잠시 뒤 어두운 얼굴로 끝났다. 인사 담당자가 AI 개발 자격증과 로봇 제어 자격증이 필요하다며 다음을 기약하자고 말했던 탓이다. 다음을 기약해? 웃기시네. 미래는 짜증이 났지만 속마음과 달리 만면에 미소를 띠었다. 작년에 학교 선배가 어떤 인사 담당자에게 불쾌한 표정을 지었다가 '지원자 블랙리스트'에 올라 취업길이 막혔다는 이야기를 전해 들었기 때문이다.

면접을 끝내고 거실로 나왔다. 아빠가 소파에 뻗어 자고 있었다. 또 새벽까지 텔레비전을 보셨나? 미래는 그런 생각을 하며 아빠 몸에 담요를 덮어 줬다.

아빠는 무척 힘이 셌다. 어릴 적 미래는 아빠가 세상에서 가장 힘센 사람일 거라고 생각했다. 교회에서 성경 공부 시간에 들은 삼손 이야기가 마치 아빠의 이야기처럼 느껴졌다. 마음만 먹으면 아빠가 지구라도 들어 올릴 것 같았다.

 그러나 요 며칠 아빠는 거실에서 방으로 몸을 옮길 힘조차 없어 보였다. 몇 날을 텔레비전 앞 거실 소파에서 지냈다. 잠도 소파에서 잤다. 직장에서 잘린 뒤로는 외출도 하지 않았다.

 일주일 전까지만 해도 아빠에게는 일터가 있었다. 힘이 남아 있는 한 일할 수 있을 거라 믿었던 일터였다. 그러나 이삿짐 운반용 로봇 탱커(tanker)가 출시되면서 동료들이 하나둘 정리되기 시작했다. 그때도 아빠의 자리는 굳건해 보였다. 힘이 좋은 아빠는 장정 두세 명이 들 가구를 혼자서도 거뜬히 들었다. 이삿짐센터 사장 입장에서는 두세 명이 할 일을 혼자서 해내는 아빠를 아낄 수밖에 없었다. 힘 좋은 아빠는 이삿짐센터에서 끝까지 살아남을 것처럼 보였다.

 아무리 탱커가 힘 좋고 일 잘해도 이삿짐을 옮기고 정리하는 데는 사람의 손길이 필요했다. 도자기나 조각상처럼 조심스러 다뤄야 할 물건들은 사람 손이 적격이었다. 집주인들도 가끔 말귀를 못 알아듣는 로봇보다 사람에게 지시하기를 좋아했다. 그래서 고급 주택가 쪽은 탱커 3대와 사람 1명이 팀을 이뤄 이삿짐을 나르곤 했다. 사장은 아빠에게 끝까지 함께하자는 말을 자주 했다.

 그러다 며칠 전에 큰 사고가 났다.

 쨍그랑!

날카로운 파열음이 실내를 채웠다. 아빠가 고급 도자기를 옮기다가 깨뜨렸던 것이다.

"어이쿠, 이 일을 어쩐다? 사모님, 정말 죄송하게 됐습니다."

아빠는 땅바닥에 머리가 닿도록 허리를 숙였다.

"깨진 물건은 제가 어떻게든 변상하도록 하겠습니다."

얼굴이 빨개진 집주인은 고래고래 고함을 질렀다.

"아저씨! 이게 얼마짜리인 줄 알고 아저씨가 변상을 해요?"

"어떻게든 변상하겠습니다. 죄송합니다."

아빠의 고개는 여전히 땅바닥을 향해 있었다.

"나 참, 이게 5000만 원짜리예요. 5000만 원! 아저씨 월급이 어떻게 돼요?"

아빠는 5000만 원이라는 소리에 당황해 아무 말도 할 수 없었다.

"저……. 그게……."

"변상 같은 소리 집어치우고, 당장 사장 오라고 하세요. 당장!"

그날 사장은 이삿짐 파손 보상 보험으로 도자기값을 변상해 줬다. 당장 사장 주머니에서 돈이 나가는 건 아니지만, 내년에 보험 고지서가 인상돼서 나올 걸 생각하니 사장은 속이 쓰렸다. 게다가 로봇 실수로 이삿짐을 파손하면 로봇 회사에 보험금을 청구할 수도 있는데, 인부 실수로 그런 거라 그마저도 못 한다고 생각하니 속이 더욱 쓰렸다. 그날부로 아빠는 이삿짐센터에서 짐을 싸야 했다.

아빠는 미래에게 사고 얘기는 하지 않고 다른 핑계를 댔다.

"너도 들었지? 탱커 미니가 새로 나왔잖아. 그래서 더 이상 사람이 필요 없다네."

"그때 말한 그 로봇이요?"

"응. 탱커 미니가 작은 물건들도 아주 잘 다루고, 웬만해서는 실수도 없다는구나. 나도 일하는 걸 본 적 있는데, 정말 사람 저리 가라더군. 냉장고 정리, 싱크대 그릇 정리, 그런 일도 척척 해내더라고. 참, 대단한 로봇이야……."

핑계를 대다 보니 아빠는 본의 아니게 로봇을 칭찬하게 됐다. 그런 사정을 모르는 미래는 불쑥 화가 치밀었다.

"뭐예요? 지금 제 앞에서 탱커 미니를 칭찬하는 거예요?"

자기 일자리를 빼앗은 로봇을 두둔한다고? 화가 난 미래는 자기 방으로 들어가 버렸다.

"그만큼 좋은 로봇이라서……."

딸의 뒤통수에 대고 말하던 아빠는 말꼬리를 흐렸다.

다음 날 아침, 아빠와 미래는 식탁에 마주 앉았다.

"미래야. 아빠 휴대전화, 중고 시장에 내놔야겠다."

"그런 고물을 누가 산다고요?"

"잘 찾아보면, 이런 고물도 찾는 사람들이 있어. 한 푼이 아쉬우니까……. 본드 계좌 잔액도 점점 줄어들고……."

"됐어요. 뭘 그런 걸!"

미래는 앙칼지게 쏘아붙이고 방으로 들어왔다.

'도대체 요즘 들어 왜 자꾸 아빠랑 싸우는 걸까?'

미래는 아빠를 위로해 주기는커녕 자꾸 짜증만 내는 자신이 싫었다.

미래는 팔을 걷어 보았다. 피부 아래로 디지털 숫자가 반짝였다.

31만 6420원.

본드 잔액이 0원이 되면 자동으로 빈민 구호금이 지급된다. 그런데 그것도 아빠처럼 신체 건강한 성인은 3개월만 지급된다. 게다가 한 달에 30만 원에 불과한 빈민 구호금만으론 살 수 없었다.

'30만 원이랑 쥐꼬리만 한 알바비로 아빠랑 둘이 어떻게 생활을 해? 월세만 40만 원이 넘는데. 거기에 생활비랑 각종 공과금까지 더하면……'

미래는 어찌해야 하나 고민이 컸다. 본드 잔액이 0원이 돼 월세를 내지 못하면 결국 살던 집에서 쫓겨나 길거리에 나앉게 된다. 생각만 해도 끔찍했다. 미래는 인상을 쓰며 도리질을 쳤다. 도무지 미래가 보이지 않았다.

미래는 온종일 방에 틀어박혀 나오지 않았다. 저녁때가 돼서야 거실로 나왔다. 아빠는 텔레비전 대신 컴퓨터 모니터를 응시하고 있었다.

"아빠아, 아까는 제가 잘못했어요."

미래가 아빠의 팔짱을 끼며 애교를 부렸다.

"뭘, 괜찮아. 아빠가 집에만 있으니까 너도 힘들지?"
"그런 건 아닌데……. 아무튼 이제 조심할게요."
"아빠가 더 잘할게, 미래야."
아빠는 미래의 어깨를 감싸 안았다.
"근데 뭐 보고 있었어요?"
미래는 아빠가 보고 있던 모니터로 눈길을 돌렸다.

만국의 시민이여, 일어나라!

모니터 속 글귀를 읽고 깜짝 놀란 미래가 아빠에게 소리쳤다.
"아빠, 이게 뭐야? 웬 저런 사이트에 기웃거려?"
아빠가 보던 사이트는 최근 4계급들 사이에서 핫한 정치 사이트였다. 주로 기본소득 쟁취를 주장하고 관련 활동을 활발히 벌이는 단체였다. 최근 정보 경찰이 이 단체의 주요 인사들을 체포한 사실이 알려지면서 4계급들 사이에서는 더욱 관심이 커진 상황이었다.
"어…… 그냥 심심해서……."
"그게 말이 돼? 정보 경찰한테 잡혀가려고 그래요? 아무리 심심해도 그렇지, 그런 사이트에 왜 들어가요?"
정보 경찰은 온라인과 오프라인을 넘나들며 불순분자를 잡아내 처벌하는 경찰 조직이다. 실제 범죄를 저지르지 않았어도 사회를 혼란에 빠뜨릴 불온한 사상을 퍼뜨리거나 폭력을 선동하기만

해도 처벌한다.

미래는 컴퓨터를 신경질적으로 껐다. 그리고 다시 자기 방으로 뛰어 들어갔다.

"심심하면 그냥 텔레비전이나 봐요!"

사과하러 나왔다가 또다시 화만 냈다.

아빠는 미래가 방으로 들어간 걸 확인한 뒤 다시 컴퓨터를 켰다. 미래의 방문을 슬쩍 살핀 뒤에 사이트에 다시 접속했다. 이것저것 읽다 보니 아빠는 슬그머니 겁이 났다.

최근에 저희가 자체적으로 벌인 설문 조사에서 시민의 98퍼센트가 로봇 제한 정책에 찬성하고 89퍼센트가 기본소득에 찬성한다고 밝혔습니다. 시민 여러분, 더 이상 침묵해서는 안 됩니다. 이제 우리의 목소리를 내야 합니다.

우리는 더 이상 저들의 노예로 살 순 없습니다. 우리는 인간이지 기계가 아닙니다. 로봇에게 밀려 일자리를 잃은 사람들은 어떻게 살라는 겁니까? 최소한의 인간다운 삶을 위해 기본소득을 쟁취해야 합니다. 그것이 우리 자신과 우리 자녀들을 위해서 우리가 해야 할 일입니다.

이에 우리는 다음과 같이 요구합니다.

첫째, 기본소득을 보장하라.
둘째, 로봇의 진출 업종을 제한하라.
셋째, 언론과 표현의 자유를 보장하라.

우리의 요구 사항이 받아들여지지 않으면 우리는 12월 1일 총파업에 나설 것입니다.

만국의 시민이여! 깨어나라, 일어나라, 단결하라!

일자리의 미래, 미래의 일자리

"기계를 부수는 자에겐 사형까지 처할 수 있다." 이는 1812년 2월 영국 의회가 통과시킨 법안 내용이야. 이듬해 2월에는 실제로 열네 명의 노동자가 교수형에 처해졌어. 왜 이런 일이 벌어졌을까? 19세기 초 영국 공장에 기계가 대거 도입되면서 노동자의 일자리를 빼앗았지. 노동자들은 기계들로 인해 생존이 위협받는다고 느꼈어. 그래서 "저 기계들을 부수자! 그래야 우리가 살 수 있다."라고 주장했지. 기계를 파괴하고 공장주의 집을 불태웠어. 이를 '러다이트 운동'이라고 해. 미래에도 러다이트 운동이 일어나게 될까?

로봇이라는 단어는 1921년 체코의 극작가 카렐 차페크가 발표한 희곡 〈로섬의 만능 로봇(Rossum's Universal Robot)〉에서 처음 사용되었어. 로봇은 체코어의 '일한다(robota)'에 어원을 두지. 어원이 보여 주듯 인공 지능 로봇은 인간 대신 많은 일을 하게 될 거야. 사실 문명의 역사는 인류가 노동의 굴레에서 점점 벗어나는 과정이라 해도 과언이 아니지. 농경 시대에는 가축이, 산업 혁명 이후로 기계가 인간의 노동을 대신했어. 미래에는 인공 지능과 로봇이 그 역할을 할 거야. '미래 기술은 인간을 대체할 것인가, 아니면 인간과 협업할 것인가?' 4차 산업 혁명의 부상은 인류에게 이 같은 커다란 질문을 던지고 있어.

4차 산업 혁명과 일자리 부족

최근 들어 여기저기서 4차 산업 혁명을 많이 말하지. 4차 산업 혁명이 있다면 그전에 1차부터 3차 산업 혁명도 있겠지? 영국에서 시작된 증기기관 혁신을 1차 산업 혁명(1784~1869), 미국을 중심으로 한 대량 생산 시스템의 도입을 2차 산업 혁명(1870~1968), 1970년대부터 본격화된 정보통신 기술 혁명을 3차 산업 혁명(1969~현재)이라고 불러. 당연히 4차 산업 혁명은 그 이후에 해당하겠지.

1990년대 중반부터 인터넷이 대중화되면서 웹상에 방대한 정보가 쏟아졌어. 시간이 흐를수록 정보의 양이 빠른 속도로 늘어났지. 하루에 생성되는 데이터의 양이 얼마나 될까? 그 양은 자그마치 인류 문명이 시작된 이래 서기 2000년까지 생성한 데이터의 양과 맞먹을 정도야. 이처럼 인터넷은 방대한 정보로 넘치지. 매일 놀라운 속도로 커지는 인터넷 세상은 4차 산업 혁명의 토대가 되지.

4차 산업 혁명은 인공 지능, 빅데이터, 사물인터넷, 로봇 기술, 자율 주행차 등이 주도하는 산업 변화로 볼 수 있어. 일부에선 로봇, 인공 지능 기술이 발전하면 그에 따라 일자리도 늘어날 거라고 주장하지. 과연 그럴까? 로봇과 인공 지능을 개발하는 인력 수요는 늘어날지 몰라. 그러나 로봇으로 일자리가 생기더라도 그것은 로봇이 빼앗는 일자리에 미치지 못하지. 로봇 때문에 사라지는 일자리는 많고 그 사실은 분명하지만, 로봇 덕분에 새로 생기는 일자리는 적고 그조차 불분명하거든.

사라지는 일자리

"나는 새로운 세대의 생각하는 기계에 밀려난 최초의 지식 산업 노동자입니다. 퀴즈쇼 참가는 컴퓨터 왓슨에게 밀려난 첫 일자리가 아닐까요? 내가 마지막은 아닐 것이라고 봅니다."

이는 2011년 인공 지능 왓슨과의 퀴즈 대결에서 패한 챔피언 켄 제닝스가 한 말이야. 앞으로 로봇과 인공 지능은 분야를 가리지 않고 인간의 역할을 잠식할 테지. 제조업과 육체노동은 로봇으로 대체되고, 서비스업과 정신노동(지식 노동)은 인공 지능으로 대체될 거야.

맥킨지 글로벌 연구소장 조너선 워첼은 "2050년에는 현재 존재하는 일자리의 60퍼센트는 기계로 대치되고 10퍼센트만 남을 것이며, 나머지 30퍼센트는 직업의 이름은 같지만 하는 일은 전혀 다를 것이다."라고 예측했어. 더욱 비관적인 전망도 있어. 세계적인 경제학자 제레미 리프킨은 일자리를 가진 행운아가 2030년에는 인구의 30퍼센트, 2050년에는 5퍼센트

퀴즈 쇼에서 인간과 겨루는 인공 지능 왓슨

에 불과할 것으로 전망하지. 모든 나라에서 노동자가 거의 필요하지 않은 공장 및 사무실, 농장 등이 일반화할 거라는 예측이야.

많은 전문가가 미래에 일자리가 크게 줄어들 것으로 내다보지. 자동화가 가능한 정형화된 업무는 금방 사라질 거야. 반면에 정형화하기 어렵고, 몸과 마음을 섬세하게 사용하는 일자리는 살아남을 테지. 지금까지 지구상에는 스스로 학습하는 종이 딱 하나뿐이었어. 바로 인간이지. 인공 지능은 스스로 학습하는 두 번째 피조물이야. 일자리 문제로 한정한다면 4차 산업 혁명은 거대한 재앙일지 몰라.

제조업부터 시작되는 변화

로봇과 인공 지능이 가장 두각을 나타낼 분야는 생산 현장일 거야. 흔히 제조업이라고 불리는 분야지. 제조업은 공장에서 상품을 대량으로 만드는 사업이야. 산업화 시대에도 기계화가 일자리를 없앴어. 다만 과거의 기계는 스스로 일하지 못했지. 인간이 없으면 기계도 돌아가지 않았어. 그래서 공장에는 기계만큼 기계를 움직이는 인간도 많았지. 지금까지 기계가 인간의 신체적 능력을 대체했다면, 앞으로는 로봇과 인공 지능이 인지적 능력까지 대체할 거야.

여러 직업이 위기를 맞을 거야. 대표적인 분야가 운수업이지. 자율 주행차가 대세가 되면 버스나 택시 운전기사들이 대거 사라질 거야. 자동차의 90퍼센트 이상이 불필요해지기 때문에 정비사, 자동차 딜러, 주차장 관리인 등도 줄어들겠지. 전화로 상품을 판매하는 텔레마케터나 상담사 등도 사라질 거야. 인공 지능의 대화 수준이 날로 발전하고 있거든. 반복 작업이 가능한 단순 업무는 대부분 인공 지능이나 로봇으로 대체될 거야.

전문직도 안전하지 않아. 의사, 기자, 약사, 번역가, 변호사, 회계사, 변리사, 금융 전문가 등도 위험할 수 있어. 앞에서 소개한 '왓슨' 기억하지? 최근에 왓슨은 인공 지능 의사로 활약하고 있어. 현재 MD 앤더슨 암센터 등에서 암 진단에 활용되고 있지. 국내에서도 가천대길병원, 부산대병원, 건양대병원 등이 왓슨을 도입해 시범적으로 운용하고 있어. 환자에 대한 정보와 최신 의학 저널 등에 기초해 90퍼센트 이상의 정확도로 몇 분 만에 암을 진단하지.

흔들리는 시장 경제

인공 지능의 발달과 자동화의 확대는 많은 저소득자의 일자리를 빼앗을 거야. 산업 시대 이래로 기계가 사람의 일을 대신해 왔던 것처럼 4차 산업 혁명으로 로봇과 인공 지능은 일자리의 소멸을 가져올 거야. 일자리가 사라진다는 건 대다수 사람들 입장에서는 소득이 사라진다는 뜻이기도 해. 그렇게 되면 사회는 큰 혼란을 겪지 않을까?

노동 소득의 감소는 여러 문제를 낳지. 첫째로 소비와 생산의 순환 구조가 깨지게 돼. 한마디로 경제가 작동하지 않는 거야. 둘째로 복지, 특히 노동과 연계된 사회 보험의 지속 가능성이 줄어들지. 국민연금, 건강 보험 등은 일하는 사람이 많아야 보험료가 많이 걷히고, 모아 둔 보험금도 쉽게 바닥나지 않고 오래 유지돼. 셋째로 할 일을 잃고 방황하는 이들이 세

상을 뒤덮을 거야. 먹고살 최소한의 돈조차 없게 된다면 폭동이나 범죄가 만연할 수밖에 없어.

　가장 심각한 문제는 첫 번째야. 기술 발전으로 일자리가 줄어들면 소비도 감소하지. 일자리가 줄면 소득이 줄고, 소득이 줄면 소비도 줄기 때문이야. 대부분의 노동자들이 일자리를 잃게 되면 '노동 → 소득 → 소비 → 투자 → 고용 → 노동'으로 이어지는 경제의 순환 구조가 깨지게 돼. 이는 커다란 사회 변화를 몰고 올 거야. 비유하자면 온몸을 도는 피가 사라지는 것과 같지. 순환 구조가 깨지면 경제라는 몸도 망가지지.

경제가 멈춘다

경제가 제대로 작동하지 않는 건 국가는 물론이고 개인에게도 심각한 문제일 수밖에 없어. 개인에게 가장 절실한 문제가 뭘까? 바로 생존이야. 일자리를 잃으면 소득원이 사라지지. 즉, '노동 → 소득'의 연결 고리가 끊어지는 거야. 그렇게 되면 생존 자체가 위협받게 되지. 일자리를 잃는 건 소득을 잃는 것이고, 소득이 없으면 소비를 하지 못해 생존 자체가 위협받게 돼. 생존 불능의 시대가 오는 거야. 이것이 진짜 문제지.

특히 저소득층의 피해가 클 거야. 물려받은 재산이 없는 사람은 노동력을 팔지 못하면 생존 자체가 어렵지. 그들의 유일한 재산은 자신의 신체뿐이거든. 일자리를 잃고 길거리에 나앉을 수많은 사람. 이것은 엄청난 충격이야. 지금의 세계가 이런 충격을 감당할 수 있을까? 지금도 진행 중이고 앞으로 더 격렬하게 진행될 일이지만, 우리는 별다른 대비를 하고 있지 않지. 과학 기술이 불평등을 심화시키고 생존을 가로막는다면 현대판 러다이트가 일어날지도 몰라.

기본소득이라는 대안

　대부분의 사람은 먹고살기 위해서 일을 하지. 그런데 일자리가 더 이상 존재하지 않는다면? 당장 모든 일자리가 사라지는 건 아니지만, 일자리 감소는 피할 수 없어. 가까운 미래에 인공 지능과 로봇이 수많은 일자리를 몰아낼 거야. 지금까지 경험하지 못한 혁명적인 변화지. 그렇다면 그에 맞서 인류도 생각을 혁명적으로 바꿔야 하지 않을까? 노동과 보상 관계에 대한 인식의 전환이 절실하지.

　지금까지는 '일해서 소득을 얻는다.'는 것이 상식이었어. 이제 그런 생각은 폐기될 때가 됐어. '노동 없이 소득 없다.'라는 옛날 생각으로는 더는 경제를 유지하기 어렵거든. '소득만을 위해 노동하지 않고, 노동을 통해서만 소득을 얻지 않는다.'고 생각할 필요가 있어. 혹시 '기본소득'에 대해서 들어 본 적 있어? 기본소득이란 모든 사람에게 조건 없이 주는 소득이야. 소득이나 재산을 심사하거나 노동을 요구하지 않고, 어디에 쓰든 상관없이 누구에게나 지급하지. 묻지도 따지지도 않고 주는 소득인 셈이야.

　전기차로 유명한 테슬라의 CEO 엘론 머스크도 기본소득 도입을 힘주어 주장하지. 엘론 머스크가 사유 재산을 부정하고 절대적 평등을 추구하는 공산주의자라서 기본소득을 지지하는 건 아니야. 기본소득은 오히려 자본주의 시장 경제 체제를 유지하기 위해서 필요하지. 소비자로서의 인간이 사라지면 자본주의가 붕괴할 테니까. 소비자가 없는 자본주의란 존재하기 어렵지. 소비자가 사라지면 자본주의도 바닷가 모래사장에 그려진 얼굴처럼 지워질 거야.

로봇에게 세금을 부과한다면?

기본소득을 도입하려면 많은 돈이 필요할 거야. 그 돈은 어떻게 마련할까? 로봇으로부터 거둬들인 세금으로 로봇에 일자리를 빼앗긴 사람들을 지원하면 어떨까? 빼앗겼단 사실만으로도 받을 자격이 충분한 게 아닐까? 빌 게이츠 등은 로봇세를 주장해. 빌 게이츠는 "지금 공장에서 5만 달러를 받는 '인간' 근로자는 번 돈에 대해 소득세, 사회 보험료 등을 낸다. 로봇이 그 일을 대체하면 로봇에 (인간과) 비슷한 정도의 세금을 매겨야 할 것이다."라고 강조하지. 노동자가 수입에 대해서 세금을 내듯이 로봇마다 일정한 세금을 거두자는 거야.

기본소득에 대해 고민하다 보면, 인공 지능과 일자리의 문제가 사람과 기계의 대결보다 사람과 사람의 관계에서 비롯한 문제임을 알 수 있어. 인공지능을 도입해 인간을 내쫓는 주체도 인간이고, 인공 지능으로 거둔 이익을 기본소득으로 나눌 주체도 인간이지. 그리고 기본소득이 도입되더라도 사람들은 일을 할 거야. 그때의 일은 직업(job)이 아니라 말 그대로 일(work)이 되겠지. 즉, 먹고살려고 어쩔 수 없이 하는 '생업'이 아니라 하고 싶어서 하는 일 말이야. 사람들은 기본소득을 받으면서 진짜로 하고 싶은 일을 하면서 살 수 있어.

여러분 자신이 다수의 편에 서 있음을 발견할 때는
언제나 잠시 멈춰 서서 성찰할 시간이다.

—마크 트웨인

혐오 표현

나는 앞서가는 은희의 팔짱을 끼며 반갑게 인사를 건넸다.
"은희야, 안녕! 머리핀 새로 샀나 봐? 못 보던 거네."
은희도 내게 반갑게 인사했다.
"안녕, 수아야. 이거? 저번 주말에 새로 산 거야."
나와 은희는 작년에 이어 올해도 같은 반이 되었다. 두 번 연속 같은 반이 되다 보니 부쩍 친해진 느낌이었다. 우리는 작년에 이어 올해도 단짝으로 지냈다.
은희는 갑자기 기억났다는 듯 목소리를 높였다.
"참, 오늘 혐오 배틀*인가 뭔가 한다며?"
새로 만난 담임은 좀 특이했다. 학생들 사이에서는 '별종 쌤', '거

꾸로 쌤' 등으로 불렸다. 학기가 시작된 지 한 달이 조금 안 됐지만 별의별 이상한 수업을 해 온 탓이다. 담임이 혐오 배틀 얘기를 처음 꺼냈을 때 다들 어리둥절해했다. 혐오 배틀이라니? 나 역시 그랬다.

"드디어 담임이 맛이 갔지. 안 그래도 요즘 애들이 얼마나 말을 거칠게 하는데. 굳이 그런 걸 왜 하는지 몰라."

"그러게 말이야. 남자애들 몇은 아주 신났던데."

"정말? 걔네는 맨날 왜 그런다니? 오늘 제대로 망나니짓 좀 하려나 보군."

도대체 그런 수업을 왜 한다는 걸까? 담임은 우리를 실험용 생쥐 정도로 생각하는 걸까? 나는 그런 생각을 하며 수업 시작을 기다렸다.

잠시 뒤 교실로 들어온 담임이 입을 뗐다.

"배틀을 진행하기 전에 두 팀으로 나누도록 할게. 어떤 기준으로 나누면 좋을까?"

다들 꿀 먹은 벙어리였는데, 회장인 진서가 손을 번쩍 들었다.

"남성과 여성으로 나누면 좋을 것 같습니다."

담임은 남성과 여성으로 나눌 경우 간단하긴 하지만 '성(性) 대결'로 흐를 수도 있으니까 다른 방법을 찾아보자고 했다. 아이들은

✱ 윌리엄 피터스의 《푸른 눈, 갈색 눈》(김희경 옮김, 한겨레출판, 2012)에서 아이디어를 얻었다.

윗동네와 아랫동네, 생일이 1~6월까지인 사람과 7~12월까지인 사람, BTS 팬과 엑소 팬 등 다양한 의견을 내놨다.

어라, 뭐야? 담임이 혐오 배틀 얘기를 처음 꺼냈을 때만 해도 몇몇을 제외하곤 다들 어이없어하더니, 웬걸 되게 적극적이잖아? 나는 어이가 없었다. 니들은 줏대도 없냐?

"이제부터 '깜둥이'와 '흰둥이'로 나눠서 오늘 금요일과 다음 주 월요일, 이틀을 보내는 거야."

여러 의견이 오간 끝에 결국 피부가 까만 편인 쪽과 하얀 편인 쪽으로 나누기로 결정됐다. 선생님은 즉석에서 '깜둥이', '흰둥이' 이름표를 만들어서 각각 나눠 줬다. 피부가 하얀 편인 은희 가슴엔 '흰둥이' 이름표가 달렸다. 나? 난 어느새 '깜둥이'가 돼 있었다.

"규칙은 욕설과 폭력을 제외하고는 타인을 헐뜯고 비난하는 말을 할 수 있다는 거야. 소극적으로 참여하든 적극적으로 참여하든 그건 자기 자유야. 다만, 아무 말도 하지 않고 지켜보기만 해선 안 돼."

담임이 진지한 눈빛으로 설명을 이어 갔다. 저렇게 진지한 담임은 좀 적응이 안 된다.

"혐오 배틀이라고 해서 서로 마구잡이로 비난하는 건 아니야. 이틀에 걸쳐서 하루는 비난하는 쪽 역할을, 다른 날은 비난받는 쪽 역할을 할 거야. 한쪽은 비난하고 다른 쪽은 비난받는 거지. 오늘은 아까 가위바위보로 정한 것처럼, 먼저 '흰둥이' 팀이 '깜둥이'

팀을 비난하는 거야. 다들 이해되지?"

"네."

"오늘만큼은 피부가 흰 사람이 검은 사람보다 우월한 거야. 자, 이제부터 시작!"

갑자기 선생님의 낯빛이 싹 변했다. 선생님은 흰둥이는 깜둥이보다 깨끗하고 똑똑하며 성실하다는 식의 말도 안 되는 얘기를 아무렇지 않게 했다. 그 모습이 너무 진지해서 아무것도 모르는 사람이 보면 선생님을 '백인 우월주의자'로 오해할 정도였다.

"오늘 하루는 모든 면에서 철저하게 흰둥이를 우대할 거야. 쉬는 시간도 더 많이 줄 거고, 책상 배치도 배려해 줄 거야. 자, 흰둥이들은 앞쪽에 앉고, 깜둥이들은 뒷줄로 가서 앉도록."

선생님은 '깜둥이'에 대한 편견을 팍팍 심어 준 뒤 곧장 평소처럼 수업을 시작했다. 평소와 다름없이 수업이 진행되는 가운데 현우가 교실 바닥에 필통을 떨어뜨렸다. 우당탕하는 순간, 교실에 정적이 흘렀다. 평소에도 덜렁대다 사고가 잦은 현우다. 아이들의 시선이 일제히 바닥에 떨어진 필통과 현우에게 쏠렸다.

"그것 봐, 피부가 까매서 그런 거야."

선생님이 뜻밖의 반응을 내놓자 깜둥이 몇몇은 놀라서 눈이 커졌고, 흰둥이 몇몇은 동의한다는 듯 고개를 끄덕였다. 당황한 현우는 하얗게 질렸다.

선생님은 수업 시간 내내 '깜둥이'에 속한 아이들에게는 작은 잘못이나 사소한 실수 등에도 지나치다 싶을 만큼 엄격하게 훈계했다. 그리고 행위의 원인이 '까만 피부'로 인한 것이라고 못 박았다. 그 뒤로도 비슷한 일들이 계속됐다.

자연스레 흰둥이 아이들 역시 깜둥이 아이들을 깎아내리기 시작했다. 깜둥이 회장 진서와 부회장 민수 사이에서 작은 다툼이 벌어졌다.

"회장, 일을 그렇게 하면 어떡해? 깜둥이는 어쩔 수 없다니까. 완전 젬병이잖아, 젬병!"

"젬병? 그건 욕 아니야?"

"그럼, 취소!"

그때 누군가 끼어들었다.

"젬병은 욕 아닌데. 형편없는 걸 뜻하는 표준어야."

"그래? 그럼 취소한 거 다시 취소."

민수가 팔을 엇갈려 엑스 자를 크게 만들다가 그만 진서를 밀치는 바람에 진서가 중심을 잃고 바닥으로 넘어졌다. 얼굴은 고양이 같이 생겼는데 두둑한 살집 때문에 진서는 평소 '돼냥이'라고 불렸

다. 그런 진서가 바닥에 나뒹구는 모습을 보고 아이들은 교실이 떠나가라 웃었다. 남자애들은 고릴라 같은 소리를 냈다. 다들 책상이 일제히 드럼으로 바뀌었다. 대체 뭐가 그렇게 웃기다는 건지. 흰둥이들이 점점 이상해진다.

쉬는 시간, 화장실 앞에서 내 차례를 기다리고 있었는데, 저쪽에 '흰둥이'들 여러 명이 서서 나를 보고 있었다. 은희도 있었다. 아이들 눈빛이 은희에게 무언가를 부추기는 느낌이었다. 저것들이, 혹시? 아니나 다를까, 은희가 내가 있는 쪽으로 오는가 싶더니 옆을 휙 지나가면서 잽싸게 화장실로 들어가는 게 아닌가? 뭐, 이런 거지 같은. 최은희, 너! 절친 맞아? 기분 더럽다. 미국에서 차별받는 흑인들이 바로 이런 기분일까?

화장실을 나오면서 다시 흰둥이 무리와 마주쳤다. 나는 은희가 먼저 말을 꺼내기도 전에 흰둥이들에게 혀를 날름 내밀고는 교실로 들어갔다. 역시 싸움은 초반에 기를 꺾어야 한다. 교실로 들어가는 내 뒤통수에 '흰둥이' 아이들의 눈길이 일제히 날아와 꽂히는 걸 느낄 수 있었다.

4교시에도 작은 소란이 있었다.

"김민규, 여기서 이 부분 설명해 볼래?"

담임이 깜둥이에 속한 민규에게 질문을 던졌다.

"그게…… 음, 그러니까……."

민규가 적절한 답을 찾지 못한 채 말을 더듬었다.

"됐다. 깜둥이가 그렇지. 깜둥이들은 제대로 하는 게 없다니까."

그러자 깜둥이들이 앉은 뒤쪽에서 높고 날카로운 소리가 튀어나왔다.

"에이씨."

담임한테 에이씨? 이건 무슨 시추에이션? 담임은 칠판을 보고 있어서 누가 한 말인지 몰랐다. 앞쪽에 앉아 있는 흰둥이들도 마찬가지였다. 상황이 어떻게 흘러갈지 자못 궁금했다.

"누구야? 누가 그랬어?"

담임의 말에 아무도 나서지 않자 흰둥이들의 비난이 거세졌다.

"보나마나 깜둥이일 테지."

"깜둥이들은 역시 비겁해."

"깜둥이들은 앞에서는 얌전한 척하면서 뒤로 호박씨를 깐다니까."

참다못한 깜둥이 중 한 명인 주현이가 번쩍 손을 들자, 선생님이 주현을 가리켰다.

"할 말 있으면 해 봐."

"선생님! 대답을 못 하는 것과 피부색은 전혀 상관이 없다고 생각합니다."

"봐 봐, 깜둥이들은 별거 아닌 일에도 따지길 좋아하잖아."

"제 말은 그게 아니라……."

"이제 그만, 됐다. '에이씨'는 욕은 아니지만, 다들 좀 조심해 주길 바라."

담임이 민규의 말을 가로막으면서 논란은 일단락됐다. 도대체 누가 '에이씨'라고 한 걸까?

"오늘 식사는 흰둥이들이 먼저 하도록 해. 피부가 검은 아이들은 흰둥이들 배식이 끝나고 밥을 먹어라. 아까 깜둥이 중 한 명이 '에이씨'라고 소리 지르고, 민규가 반발한 벌이야. 깜둥이들은 좀 더 겸손한 태도를 보이도록!"

담임은 복수라도 하듯 식사 순서를 정해 줬다. 깜둥이 중 몇몇은 슬픈 표정을 지었다. 안 그래도 오늘 당한 일이 서럽고 분한데 이렇게까지 해야 하나, 그런 표정이었다. 어떤 아이는 억울해서 눈물이 그렁그렁해 보이기까지 했다. 쯧쯧, 뭘 그런 걸로 질질 짜려고 하나.

점심시간에 나는 다른 깜둥이들과 벤치에 앉아 이야기를 나눴다.

"담임, 진짜 왕재수 아냐?"

한 친구가 팔짱을 낀 채 입술을 실룩이며 물었다.

"아니, 피부 까만 게 내 잘못이냐고?"

"그렇게 타고난 걸 왜 우리한테 그러냐고?"

나를 포함한 깜둥이들의 불만이 이만저만이 아니었다. 그러나 어쩔 수 없었다. 오늘만 참으면 된다. 복수는 다음 주에 하자. 우리는 그렇게 체념하며 복수의 칼을 갈았다. 쉬는 시간, 책상 배치, 식사 순서 등 차별 대우가 여간 심하지 않았다. 거기에다 믿었던 은희까지 날 배신했다. 걔가, 어떻게 그럴 수 있지? 그렇게 피곤한 하루가 끝났다.

주말을 보내고 다시 월요일. 금요일 수업 후 사흘이 지났다. 담임은 두 팀의 신분을 정반대로 뒤집겠다고 선언했다. 수업 중 담임이 실수를 저질렀다. 금요일에 했던 역할에 너무 빠져 있어서인지 또 깜둥이를 깎아내리는 말을 내뱉었다.

"뭘 기대하겠어요, 선생님은 흰둥이인데."

아주 돌아이 선생님 대 돌아이 학생들이네. 콩가루 교실이 따로 없구나.

"어이쿠, 완전히 한 방 먹었네."

담임은 규칙은 규칙인지라 대놓고 기분 나빠 하진 않았다.

깜둥이들이 선생님을 포함해서 흰둥이들에게 비난과 악담을 퍼부었다. 몇몇 깜둥이 아이들이 지난주에 당한 것을 복수라도 하듯이 비아냥거리고 깐족거렸다. 이게 대체 뭐 하자는 건지, 원.

기필코 복수해 주마! 나 역시 화가 풀리지 않아 주말 내내 씩씩거렸다. 그런데 막상 '깜둥이의 날'이 되자 똑같이 돌려줄 수 없었다. 차별과 모멸을 당해 보니 당하는 사람이 어떤 마음인지 알 것 같았다. 그 마음을 안 이상 그렇게 되돌려 주기가 참 어려웠다. 물론 많은 깜둥이 아이들은 복수의 단맛에 빠져들기도 했지만.

나는 그제야 이 수업의 숨은 뜻을 알 수 있었다. 수업의 의미를 깨달았을 즈음, 두 번째 혐오 배틀도 마무리가 됐다.

담임은 종례 시간에 모두에게 편지를 한 장씩 나눠 줬다. 손 글씨가 정성스레 적힌 편지였다. 몇몇 아이가 카드를 읽으며 눈물을 글썽이는 것 같았다.

지난주 금요일과 오늘, 다들 고생 많았어. 내가 괴상한 수업을 진행해서 상처받은 학생들도 아마 있을 거야. 사실은 나도 알게 모르게 상처받았단다. 이 수업의 진짜 의도는 상처를 주고받는 건 아니었어.

그 상처를 통해 남을 비난하고 헐뜯고 악담을 퍼붓고 악플을 다는, 우리의 모습을 돌아보고 싶었어. 우리는 아무렇지 않게 혐오 표현을 내뱉고 악플을 달지만, 막상 내가 그 혐오 표현과 악플의 대상이 되어 보기 전까진 그게 얼마나 끔찍한 일인지 알지 못하지. 그렇게 피해자가 되어 보기 전까지 우리는 가해자로만 살아가는 게 아닐까? 그래서 우리 모두가 피해자가 돼 보면 어떨까 싶어서 이런 이상한 수업을 생각해 냈단다.

혐오와 차별이라는 게 비난받는 대상이 근본적으로 부족하거나 큰 잘못을 저질러서 만들어지는 건 아니야. 이유야 어떻게든 만들어서 갖다 붙이면 되는 거지. 그래서 누구든 혐오와 차별을 피하기 어렵지. 다수가 왜곡되고 뿌리 깊은 편견을 지니고 있다면 소수는 언제든 희생자가 될 수 있어. 이 수업을 통해 너희가 그 점을 깨달았으면 했단다.

마지막으로 지금까지 두 팀으로 나눠 서로 비난하고 싸웠는데, 진심으로 비난한 게 아니니 뒤끝 없이 지내도록 하자. 나쁜 가면을 쓰고 그 가면대로 나쁜 역할을 했을 뿐이야. 물론 우리가 언제든 나쁜 가면을 진짜로 쓸 수 있다는 점을 염두에 두고 늘 조심해야겠지. 내 말이 좀 길어졌구나. 자, 앞으로는 혐오 배틀 수업을 하기 이전으로 돌아가서 잘 지내도록 하자.

-너희들 한 명 한 명을 아끼고 사랑하는 담임이.

약자를 배제하고 차별하는 사람들

　빨갱이, 급식충, 김치녀, 김여사 등 오늘의 대한민국에는 사상, 종교, 사회적 신분, 성별 등을 비난하는 수많은 혐오 표현이 난무하고 있어. 어린이도 예외일 수 없겠지. 초등학교에서도 여러 혐오 표현이 무분별하게 사용되고 있어. 아이들 사이에서 빻다(얼굴이 못생겼다), 쿵쾅이(뚱뚱한 여자), 이백충(부모 수입이 200만 원), 담임충 등 혐오 표현이 아무렇지 않게 쓰이고 있어.

　공짜 밥을 먹는다며 학생은 '급식충'으로, 연금으로 생활한다며 노인은 '연금충'으로······ 과연 이러한 범주들에서 완벽히 자유로운 사람이 얼마나 될까? 인종과 성별을 불문하고 누구나 혐오의 잠재적 표적이 될 수 있지. 모두가 혐오의 피해자가 될 수 있으며, 누구나 혐오의 가해자가 될 수 있어. 아무도 자유롭지 않은 거지. 피해자이면서 가해자이고, 가해자이면서 피해자일 수밖에 없는 혐오의 시대야.

대한민국은 벌레 천국

　우리 사회에는 벌레로 존재하는 이가 참 많아. 틀딱충, 급식충, 지방충, 알바충, 고시충, 이백충, 진지충······. 온갖 벌레가 사방에서 튀어나오지.

아이 엄마라서, 나이가 많아서, 학생이라서, 지방에 살아서 벌레가 되곤 해. 'ㅇㅇ충'은 몰상식한 행동을 하는 사람을 비판하는 말로 시작됐지만, 지금은 온갖 부류의 사람들에 두루 쓰이고 있어. 특히 문제가 되는 것은 약자에게 쓰이는 'ㅇㅇ충'이야.

혹시 맘충이란 말 들어 본 적 있니? 'ㅇㅇ충' 가운데 압권은 단연 맘충이야. 맘충은 'mom(맘:엄마)'과 '蟲(벌레 충)'을 합친 말이지. 아이 엄마를 벌레에 비유한 표현이야. 애초엔 자기 아이밖에 모르는 아이 엄마를 가리키는 말이었지만, 아이를 키우는 여성 전체를 가리키기도 하지. 아이를 데리고 나와서 식당이나 카페 등을 이용하다가 조금이라도 남에게 피해를 주는 아이 엄마를 통틀어 가리키는 표현으로 확대돼 사용되고 있어. 아이를 낳아 키우는 일이 '벌레'로 비하될 수 있다니 참 끔찍하지?

약자를 향한 폭력

이런 혐오 표현들은 주로 사회적 약자나 소수자들을 표적으로 삼지. 여성, 장애인, 이주민, 성소수자 등이 대표적이야. 2016년 국가인권위원회 조사를 보면 오프라인에서 성 소수자의 87.5퍼센트가 혐오 표현 피해를 경험했고, 장애인(73.5%)·여성(70.2%)·이주민(51.6%) 순으로 피해 경험이 높았어. 성별, 장애, 인종, 성 정체성 등은 개인이 선택할 수 없는 것들이지. 이런 것들을 가지고 누군가를 욕하고 비난하는 것은 문제야. 또한 이주민처럼 개인이 선택할 수 있는 것들 역시 이주민이라는 이유만으로 비난받아선 안 되지.

'개독(기독교를 비하해 부르는 명칭)' 같은 말은 불쾌감을 주지만 혐오 표현은 아니야. 기독교가 한국 현대사에서 한 번도 소수였던 적이 없기 때문이지. 혐오는 기본적으로 소수자에 대한 경멸이나 멸시를 담고 있어. 즉, 혐오는 사회적 서열을 전제하지. 강자나 권력을 향한 비판은 혐오 표현이 아니야. 타인에게 혐오 감정을 표현하는 건 자유일까? 아무도 타인을 혐오하고 괴롭힐 권리를 갖고 있지 않아. 결국 '혐오 표현의 자유'라는 건 망상에 불과하지.

혐오 표현은 왜 생겨날까?

혐오 표현은 왜 사라지지 않을까? 대놓고 차별을 부추겨야 자기에게 이롭다고 생각하는 이들이 있기 때문이야. 바로 권력층이야. 그들은 사회적 불만을 진짜 원인이 아닌 다른 쪽으로 돌리려 하지. 불만을 사회적 약자에게 표출하게 함으로써 마치 불만이 해소되는 듯한 착각을 불러일으키는 거야. '난민과 이민자 등이 들어오면 범죄가 늘어난다.' 같은 편견을 보자. 범죄가 느는 게 과연 난민과 이민자 탓일까? 인구 10만 명당 범죄자를 비교해 보면 내국인이 외국인보다 2.5배 더 많아.

권력자는 소수자를 혐오하는 방식으로 권력의 성채를 공고히 하지. 2016년 미국 대선에서 트럼프는 "이민자들이 일자리를 빼앗고 범죄를 저지르며 세금만 빼 먹는다."고 했어. 이 발언은 고도로 계산된 정치적 구호였지. 백인 남성(일자리)과 여성(범죄), 그리고 부자(세금) 등을 모두 겨냥한 발언이었어. 미국은 물론이고 전 세계 많은 사람들이 트럼프의 '혐오 정치'

를 혐오했지만, 불행히도 그는 대통령으로 당선되었지. 혐오 표현이 일부 유권자들에게 통했던 셈이야.

　시인 김수영은 〈어느 날 고궁을 나오면서〉에서 "왜 나는 조그마한 일에만 분개하는가 / 저 왕궁 대신에 왕궁의 음탕 대신에 (……) 옹졸하게 분개하고 설렁탕집 돼지 같은 주인 년한테 욕을 하고."라고 썼어. 여기서 왕궁은 권력을 뜻하고, 설렁탕집 주인은 힘없는 보통 여성을 뜻하지. 시적 화자(시에서 말하는 사람) 역시 권력에 대한 분노를 직접 드러내지 못하고 억눌린 감정을 화풀이하듯이 약자에게 표출했던 거야. 약자가 피해의식에서 벗어나는 가장 쉽지만 나쁜 방법은 자기보다 더 약한 사람을 찾아서 그를 욕보이는 거지.

약자를 배제하고 차별하는 사람들

혐오 표현은 표현으로 끝나지 않는다

인종이나 민족, 국적, 성별, 연령 등을 트집 잡아 가해지는 혐오 표현과 차별은 엄연히 폭력이야. 문제는 혐오 표현이 더 큰 폭력으로 발전한다는 거지. 혐오 표현은 그 자체로도 폭력이지만 더 큰 폭력을 낳는 도화선이 되거든. 편견을 말로 드러내면 혐오 표현이고 물리적인 폭력으로 드러내면 증오 범죄가 돼. 약자를 향해 혐오 표현을 하는 사람 중에 증오 범죄를 저지르는 사람이 나오지.

폭력의 에스컬레이터 같은 거야. 한번 폭력을 휘두르면 점점 더 강한 폭력을 쓰게 되지. 에스컬레이터에 탄 것처럼 의지와 상관없이 그렇게 되는 거야. 예를 들어 평소 성적 농담과 성희롱을 일삼던 사람이 상대가 취약한 상태일 때나 술에 취했을 때 성추행이나 성폭력을 시도할 가능성이 높은 것과 비슷하지.

혐오 표현이 심해지면 혐오 범죄, 더 나아가 전쟁이나 대량 학살로도 확대되지. 실제로 독일의 나치가 그러했어. 제2차 세계 대전 당시에 유대인에 대한 혐오를 불러일으켜 대량 학살을 저질렀거든. 당시 전체 유다인의 60퍼센트에 해당하는 600만 명의 유대인이 희생됐어. 이런 비극은 오늘날에도 이어지고 있지. 1994년 르완다 내전으로 르완다의 소수 민족인 투치족이 50만 명 가까이 살해당했어.

표현의 자유와 한계

표현의 자유를 중요시하는 이들은 표현은 표현을 통해서 자연 정화될 수 있다고 생각해. 혐오 표현은 그 자체로 해악이 있고 사회에서 몰아내야 마땅하지만, 혐오 표현도 표현인 이상 맞받아치는 말, 즉 올바른 표현에 의해 그 해악을 없애거나 최소화할 수 있다는 거야. 자유로운 토론과 논리적인 반박을 통해 혐오 표현의 문제를 통제하는 게 바람직하다는 입장이지. '사상의 자유 시장'의 자율성과 다양성을 추구하는 이들은 '사상의 자유 시장'이 자율 정화 기능을 갖췄다고 굳게 믿어. 그래서 그들은 "수천 송이의 꽃이 피게 만들어라. 심지어 독을 가진 꽃이라 하더라도."라고 태연하게 말하지.

그러나 이러한 주장에는 결정적인 결함이 있어. 혐오 표현을 일삼는 이들과 당하는 이들이 현실에서 똑같은 힘을 가지고 있지 않다는 점이야. 누군가를 혐오하는 이들과 그들에게서 혐오당하는 누군가는 동등한 위치에 있지 않아. 혐오당하는 이들은 대개 약자의 위치에 있지. 혐오 표현은 약자를 '침묵시키는 효과'를 가지고 있어. 물론 약자들이 말로 받아칠 수 있지만, 그렇다고 강자가 혐오를 멈출 리 없어. 약자들이 맞서 싸워야 하지만, 싸움의 승산은 침묵하는 다수가 약자들 편에 서는지에 달려 있지. 결정적으로 혐오 표현은 혐오와 차별에 동참시키는 힘을 가지고 있다는 게 문제야.

혐오 표현은 자유가 아니라 범죄다

표현의 자유는 존중돼야 해. 그러나 그것이 모든 표현을 허용하고 보장한다는 뜻은 아니야. 소수자에 대한 폭력은 표현의 자유가 될 수 없어. 타인에 대해 증오와 혐오를 표현하는 것은 자유가 아니라 폭력이지. 자유의 이름으로 타인에게 폭력을 일삼는 행위는 결코 자유의 본령(근본이 되는 특질)이라 하기 어려워. 나의 자유가 너의 자유를 억압할 때, 우리는 자신의 자유를 근본적으로 돌아볼 필요가 있어.

다른 폭력들이 그렇듯 언어폭력은 보장받을 자유가 아니라 규제해야 할 범죄야. 혐오 표현에 대한 규제나 처벌이 필요해. 독일, 영국, 프랑스, 캐나다, 뉴질랜드 등 여러 나라에서 이미 혐오 표현을 규제하고 있어. 예를 들어 독일에서는 증오 선동 행위에 대해 3개월 이상 5년 이하의 징역에 처하도록 하지. 이렇게 '혐오나 차별은 곧 범죄'라고 인식하도록 규제해야 하지 않을까? 규제나 처벌만으로 문제가 다 해결되는 건 아니지만, 합당한 처벌은 문제 해결의 첫걸음이야. 규제나 처벌이 필요한 행위에 대해서 규제나 처벌을 하지 않는다면 문제는 해결될 수 없어. 마땅히 처벌받을 일을 처벌하지 않는다면 다른 해결책도 기대하기 어렵거든.

2019년 12월, 헌법재판소는 혐오 표현을 금지한 서울시 학생인권조례가 헌법에 어긋나지 않는다고 판결했어. 민주주의 사회에서 표현의 자유는 최대한 보장돼야 하지만, 혐오 표현은 그러한 자유와 상관없다는 게 헌법재판소의 판단이지. 혐오 표현이 타인의 인권을 침해할 수 있다는 점에서 민주주의 사회가 허용하는 자유를 넘어섰다는 거야.

차이와 다양성의 인정

오늘날에는 혐오의 온상이 더 다양해졌어. 혐오 표현을 접한 적이 있는 청소년의 82.9퍼센트가 게임, 유튜브, 온라인 커뮤니티 등에서 혐오 표현을 접한 것으로 나타났어. 혐오 표현은 포털사이트, 소셜 네트워크 서비스(SNS)*, 유튜브 등을 숙주 삼아 빠르게 증식하고 있지. 특히 SNS와 유튜브는 가짜 뉴스와 혐오 표현이 증식하는 배양 접시가 된 지 오래야. 신문, 방송 같은 기성 매체보다 접근성(실시간 참여와 피드백)이 좋고 자극적인 내용을 다루기 쉬우며 메시지의 전파 속도가 매우 빠른 탓이지.

앞에서 지적했듯이 한국 사회에는 여러 '충'들이 출몰하고 있어. 청소년을 가리키는 급식충, 노인을 가리키는 틀딱충, 알바 노동자를 가리키는 알바충 등등. 그냥 청소년을 청소년으로, 노인을 노인으로, 알바 노동자를 알바 노동자로 부르면 되잖아. 혐오 표현을 당한 사람은 자기를 비하하거나 부정하는 심리 상태에 이를 수 있다고 해. 그래서 전문가들은 혐오 표현을 '영혼의 살인'이라고 부르지. 차이가 차별로 이어지지 않고, 서로의 차이와 다양성을 인정하고 배려한다면 혐오 표현의 문제를 줄일 수 있지 않을까?

✽ 소셜 네트워크 서비스(Social Network Service)의 줄임말이야. 카카오톡, 페이스북, 트위터 등이 여기에 속하지.

거짓이 판치는 시대에는 진실을 말하는 것이 곧 혁명이다.

-조지 오웰

8

가짜 뉴스

교황은 억울해

옛날 어떤 권력자가 그렇게 말했다지.
"모든 것이 내 발 아래 있다."
나 같으면 이렇게 말하겠어.
"모든 것이 내 키보드 아래 있다."
히히히. 정말 모든 게 내 키보드 아래 있었다니까. 키보드로 세상을 들었다 놨다 했거든. 키보드 하나로 세상을 어떻게 제멋대로 가지고 놀 수 있었냐고? 쉿! 지금부터 그 비밀을 알려 줄게. 너희에게만 특별히 알려 주는 거니까 다른 사람들한테는 절대 비밀로 해야 해!

내가 사는 곳은 마케도니아의 벨레스라는 작은 도시야. 마케도니아는 어디고, 벨레스는 어디냐고? 이런 무식한 사람들 같으니. 세계 지도를 쫙 펴서 왼쪽으로 시선을 돌려 봐. 이탈리아는 금방 찾을 수 있지? 이탈리아 오른쪽의 지중해를 건너면 그리스, 불가리아, 세르비아, 코소보, 알바니아 등이 보일 거야. 그 가운데 있는 나라가 바로 마케도니아지. 마케도니아는 인구 208만 명의 작은 나라야.

벨레스는 마케도니아에 있는 소도시지. 인구는 5만 5000명에 불과해. 일할 수 있고, 일할 의사가 있는 사람 중에서 실업자가 차지하는 비율을 실업률이라고 부르는데, 마케도니아의 실업률은 20퍼센트 내외에 이르지. 5명 중 1명은 실업자인 셈이야. 벨레스의 사정도 다를 게 없어.

얼마나 높은지 실감이 안 오지? 너희가 사는 곳이 한국이라고 했지? 한국의 경우 2020년 실업률이 4퍼센트 수준이라고 나오네. 한국에서 100명 중 4명이 백수라면, 마케도니아에서는 100명 중 무려 20명이 백수인 거야.

벨레스 청년들도 마찬가지야. 일자리를 구하지 못한 청년들이 차고 넘치지. 할 일 없이 빈둥거리는 청년들, 이들 사이에서 최고의 일자리는 가짜 뉴스 사이트야. 지금은 좀 시들해졌지만, 한때는 엄청나게 많은 돈을 긁어모았지. 그렇게 번 돈을 흥청망청 써 댔고. 다들 그랬어. 나이트클럽에 가서 돈을 뿌려 대며 놀았거든. 쉽게 번 돈은 쉽게 쓴다는 말이 있지?

한때 내 구글 계정, 더 정확히는 광고 프로그램인 애드센스(AdSense) 계정에 돈이 쌓이는 걸 직접 보았다면 놀라 자빠졌을 걸. 하루에 3000달러, 그러니까 300만 원을 번 적도 있어. 하루에 말이야. 마케도니아 노동자들의 평균 월급이 얼마인 줄 알아? 370달러야. 40만 원 정도 되지. 보통 노동자들의 월급 10배에 달하는 돈을 하루 만에 번 거야.

전성기는 2016년 미국 대선 기간이었어. 트럼프 대통령 알지? 거, 금발 머리의 미국 대통령 말이야. 당시에 '친트럼프' 웹사이트가 최소 140여 개나 운영됐어. 나도 당연히 친트럼프 웹사이트를 만들어서 열심히 활동했지. 트럼프를 지지했냐고? 지지는 무슨. 미국인도 아닌데. 그럼 트럼프를 좋아했냐고? 쥐뿔도 관심 없어.

그런데 왜 친트럼프 웹사이트냐고? 돈이 되니까. 한때는 정말 짭짤한 돈벌이 수단이었는데……. 트럼프가 대통령이 되든 거지가 되든 나랑 무슨 상관이야? 난 그저 트럼프를 이용해 돈만 벌면 그만이지. 그 돈으로 고급 시계를 사서 차고, 멋진 자동차를 사서 몰고……. 그거면 그만이야.

처음엔 트럼프의 경쟁자인 힐러리 클린턴이나 버니 샌더스 등 다른 민주당 후보들에 유리한 사이트도 만들어 봤는데, 장사가 별로 안 되더라고. 특히 버니 샌더스 지지자들은 똑똑해서 그런지 가짜 뉴스가 전혀 안 통했어. 똑똑한 지지자들이 자료의 출처와 근거를 일일이 확인하는 거 있지. 가짜 뉴스를 무작정 믿지 않는 거야. 그러니 가짜 뉴스가 제대로 퍼지질 않잖아. 그래서 집어치웠지. 인터넷과 SNS에 너무 똑똑하고 철두철미한 사람이 많아질수록 가짜 뉴스 사업은 어려워지게 돼.

이게 무슨 사업성이 있냐고? 얘네가 세상 물정 모르는 소리만 하네. 가짜 뉴스의 영향력이 얼마나 큰지 모르고 하는 소리야. 미국의 '버즈피드'라는 매체의 분석에 따르면, 미국 대선 기간 동안 주류 언론 기사에 대한 SNS의 반응은 7300만 건이었는데 가짜 뉴스에 대한 반응은 8700만 건이었어. 이게 무슨 뜻이냐면, 적어도 SNS 공간에서는 가짜 뉴스가 진짜 뉴스보다 더 큰 영향력을 발휘한다는 거야.

가짜 뉴스를 어떻게 만들어서 퍼뜨리냐고? 에이, 성질이 급하네. 지금부터 차근차근 설명해 줄 테니까 잘 들어 봐. 나처럼 돈 좀 만져 보고 싶은 사람들은 메모도 좀 하고. 어디 가서 돈 주고도 못 듣는 얘기니까.

얘네가 실실 웃네? 정말이야. 이런 강의는 어디 가서 돈 줘도 못 들어. 알았어. 내 자랑은 그만하고 이제부터 설명해 줄게.

가짜 뉴스로 돈을 벌려면 먼저 사이트부터 만들어야겠지. 이때는 그럴듯하게 기존 언론사와 유사한 이름으로 만들면 좋아. 그러면 사람들이 헷갈려서 마구 들어오거든. 나 같은 경우는 미국의 〈뉴욕타임스〉와 유사하게 만들었어. 〈뉴욕타임스 폴리틱스닷컴〉이라고. 이렇게 만들면 사람들은 마치 내가 만든 사이트가 〈뉴욕타임스〉에서 폴리틱스, 즉 정치 분야를 특화해서 만든 사이트라고 착각하게 되지.

사이트를 만들었다면 이번엔 사이트를 채울 기사가 있어야겠지? 기자도 아닌데 기사를 어떻게 쓰냐고? 걱정하지 마. 이게 오히려 사이트 만드는 것보다 더 쉬울 수도 있어. 거짓말 아니야. 정말이야.

머리 쥐어짜서 힘들게 가짜 뉴스를 만들 필요가 전혀 없어. 그냥 기존 사이트, 자극적인 기사를 마구 쏟아 내는 인터넷 언론사 사이트 있지? 그런 데 가서 기사 몇 개 가져와서 약간 수정을 하거나 이것저것 이어 붙여서 만들면 돼. 뭐 글재주 같은 것도 필요 없고, 적당히 말만 되게 꾸미면 돼.

너희 나라에도 그런 인터넷 언론사들이 있을 거야. 요즘에는 유튜브에서도 많이 찾아볼 수 있을 테고. 가짜 뉴스, 과장된 내용, 출처 불분명한 자극적인 내용으로 도배된 그런 사이트나 유튜브 채널에서 적당한 내용을 가져와서 조금만 손보면 돼.

마지막으로 한 가지 작업만 추가하면 끝이야. 이 작업은 돈이 조금 필요한데. 얘네 눈빛이 왜 이래? 내가 돈 얘기 꺼내니까 너희한테 사기라도 칠 것 같아서 경계하는 거야. 뭐야? 너희 돈에는 관심 없으니까 걱정 붙들어 매셔. 큰돈은 필요 없고 푼돈 조금만 있으면 돼. 투자한다는 생각으로 통장에 모아 놓은 돈을 조금 가져다 쓰면 될 거야.

돈이 왜 필요하냐고? 페이스북 계정을 사야 하거든. 페이스북 계정이 왜 필요하냐고? 일종의 미끼 같은 거야. 아무리 좋은 사이트가 있고 좋은 기사가 있더라도, 사람들이 모르면 올 수가 없잖아. 그래서 여기저기에 미끼를 던져 놓을 필요가 있지.

나는 200개 정도의 계정을 사들였어. 미국인 계정은 50센트에, 러시아인 계정은 10센트 정도에 샀어. 기사를 새로 작성하면 그 링크를 200개의 페이스북에 올리지. 이제는 만사…… 그 뭐냐? 거왜 있잖아. 만사 머시기. 뭐? 그래, 형통! 만사형통. 이제는 만사형통이야. 사람들이 알아서 내 사이트로 들어오기 시작하지.

그 페이스북 계정에 이어진 다른 사용자들이 기사를 마구 퍼 나르고 사이트를 방문하거든. 나는 가만히 앉아 있는데, 알아서들 미끼를 물고 내 그물로 들어오는 거야.

내 최고의 히트작이 뭔 줄 알아? 바로 교황에 관한 가짜 뉴스였어. 아무리 생각해 봐도 정말 최고의 히트작이야.

어느 날, 내 친구 이바노프가 우리 집에 놀러 온 적이 있었어. 나는 부엌에서 간단한 점심거리를 준비하고 있었는데, 내 방에서 모니터를 들여다보던 이바노프가 갑자기 소리를 질렀지.

"오 마이 갓, 보리스! 네가 지어낸 가짜 뉴스가 미국 언론을 도배하고 있어."

부엌에 있던 나는 방으로 후다닥 뛰어갔어.

"뭐? 진짜? 어떤 거? 지금까지 올린 뉴스가 너무 많아서."

이바노프가 뺨의 여드름 자국을 득득 긁으며 말했어.

"왜 지난번에 네가 말한 거 있잖아, 교황과 관련해서……."

난 그때 깨달았지. 드디어 올 게 왔구나. 이제 고생 끝, 행복 시작이다!

'프란치스코 교황이 도널드 트럼프 후보를 지지했다.' 이게 바로 내가 만든 희대의 작품이야.

최고의 히트작을 만든 날도 여느 때처럼 몰래 가져다 쓸 기사를 찾느라 웹서핑을 하고 있었어. 한참을 이곳저곳을 기웃거리는데, "○○가 트럼프를 지지했다.", "●●가 트럼프 지지를 선언했다.", "■■가 트럼프 지지에 동참했다." 같은 기사가 많더라고. 근데 미국인이 아닌 사람들의 경우라면 ○○, ●●, ■■ 같은 사람들한테는 별 관심이 없잖아. 누군지도 잘 모르겠고. 그러다 생각했지. 누구나 알 만한 사람들 중에서, 특히 트럼프와 정반대의 성향을 가진 사람들 중에서 가짜 뉴스의 먹잇감을 찾아보면 어떨까 하고 말이야. 그

래서 생각해 낸 게 교황이
야. 내가 생각해 내고도 무릎
을 탁, 쳤지. 교황과 트럼프라니, 기
가 막히지 않아?

　사실 교황에게는 죄송한 마음이
야. 내가 알기로는 교황과 트럼프
는 성향 자체가 정반대거든. 이민자에 대해서 적대적인 트럼프와
달리 교황은 이민자나 난민에 대해서 대단히 포용적이거든. 예를
들어 트럼프는 멕시코 이민자들을 막기 위해서 장벽을 세웠는데,
교황은 "이민자를 막으려 장벽을 세웠다간 장벽의 포로가 될 것이
다."라고 경고했어.

　트럼프가 돈만 밝히는 사업가라면 교황은 사랑과 포용, 정의와
연대를 부르짖는 종교인이지. 누가 봐도 정반대인 거야. 그러니
교황과 트럼프를 묶어서 가짜 뉴스를 만들면 사람들이 큰
관심을 가질 것 같더라고. 곧바로 교황이 트럼프를 지지
한다는 가짜 뉴스를 만들어서 사이트에 올렸지.

　나중에 보니까 이 뉴스에 페이스북에서만 무려 96만 명
이 '좋아요'를 누르거나 '공유'했더군. 그만큼 많은 사람이 내 사
이트에 와서 기사를 봤지. 96만 명이란 숫자가 뭘 뜻하겠어? 빙고!
돈이지.

　그 사람들이 나한테 직접 돈을 주는 건 아니야. 돈은 광고를 통

해 들어오지. 구글이 운영하는 '구글 애드센스' 같은 광고 중개 서비스가 있어. 광고주가 이런 광고 중개 서비스 업체에 돈을 지불하면, 업체는 여러 사이트에 광고를 배분해 주지. 조회 수나 방문객이 많은 사이트일수록 높은 금액의 광고를 배정받을 수 있어.

그래서 가짜 뉴스는 아니지만 기존 언론사들도 '낚는 기사'들을 쏟아 내는 거야. 제목을 보고 클릭했다가 실제 기사 내용이 제목과 다른 경우를 종종 볼 수 있잖아? 다 클릭 수 때문에 그런 거야. 클릭을 많이 할수록 광고 수입이 늘어나니까 어떻게든 클릭하게 만들려고 이상한 제목으로 낚는 거지.

더 많은 사람을 끌어모으고 더 많은 클릭을 원한다면 가짜 뉴스를 더 자극적으로 만들면 돼. 자극적인 콘텐츠일수록 돈이 되거든. 사람들은 자극적인 걸 좋아하니까. 시간은 없는데 뉴스는 넘치잖아. 결국 사람들은 선택과 집중을 할 수밖에 없어. 어떤 거에 집중할까? 좀 더 눈길을 끄는 뉴스에 집중하겠지. 그게 진짜든 가짜든 전혀 중요하지 않아. 그럴듯한 내용을 자극적으로 만들면 돼.

한 가지 힌트를 주자면 분야나 주제가 달라도 여성 혐오, 난민 혐오, 무슬림 혐오, 동성애 혐오 등은 전 세계 어디서나 통하는 거 같아. '베를린에서 러시아 국적 미성년자가 난민들에게 성폭행을 당하고 살해당했다.' 같은 가짜 뉴스 말이야. 이런 종류의 가짜 뉴스가 뜨면 독일인들과 러시아인들이 마구 클릭해. 특히 난민에 대해서 나쁜 생각을 조금이라도 가진 사람들이라면 당연히 '광클'일

테지.

  이제 와서 하는 말이지만, 교황님께는 정말 감정 없어. 솔직히 조금 존경하는 마음도 없지 않아. 그렇지만 존경은 존경이고 사업은 사업이잖아? 교황님이 내 생계를 책임져 줄 것도 아니고.

  내가 만든 가짜 뉴스 때문은 아니겠지만, 교황님이 2016년에 그런 말을 했더라고.

  "가짜 뉴스를 좇는 사람들은 똥 먹는 병에 걸린 것이나 다름없다."

  뭐, 그렇게까지 말할 필요가 있나? 이것도 다 먹고살려고 하는 짓인데. 하여튼, 이어서 이런 말도 했대.

  "가짜 뉴스는 스캔들과 가십거리를 좇는 언론의 배설물에 불과하다."

  교황님이 좀 모르고 한 말 같아. 사실, 가짜 뉴스는 꼭 기존 언론들만이 만들어 내는 게 아니거든. 뭐랄까…… '1인 미디어'라고 부르면 될까? 하여튼 나 같은 개인들이 만들어서 퍼뜨리는 가짜 뉴스가 얼마나 많은데.

  여기까지가 나에 관한 이야기야. 한 가지 비밀을 알려 줄까? 내가 지금까지 한 이야기는 전부 진짜일까? 정말로, 내가 희대의 가짜 뉴스를 만든 장본인일까? 어떤 게 진짜고, 어떤 게 가짜일까?

사실과 여론을 비트는 가짜 뉴스

'세 사람이 짜고 거짓말을 하면 없던 호랑이도 만들어 낸다.'는 뜻을 가진 '삼인성호'라는 말이 있어. 사람은 객관적 사실에 기초해 판단하는 게 아니라 타인의 의견에 쉽게 영향을 받는다는 뜻이야. 가짜 뉴스를 영어로 '페이크 뉴스(fake news)'라고 부르지. '속이는 뉴스'라는 뜻이야. 정치·경제적 이익을 위해 의도적으로 언론 보도의 형식을 띠고 유포된 거짓 정보가 가짜 뉴스야.

"조선인들이 우물에 독약을 탔다."

1923년 1월, 일본의 관동 대지진 때 퍼진 의도적인 유언비어야. 지진 피해로 민심이 흉흉해지자 일본 정부는 "재난의 혼란함을 틈타 이득을 취하려는 무리가 있다. 조선인들이 방화와 폭탄 테러, 강도 등을 벌이고 있으니 주의하라."라는 지시를 각 경찰서에 내려 보냈지. 물론 전혀 근거 없는 지시였어. 이후 수천 명의 조선인이 학살당했어. 대략 3000명에서 6000명으로 추산되지. 지금으로 보면 가짜 뉴스 때문에 수많은 조선인이 죽임을 당했어.

가짜 뉴스 전성시대

세상에는 헛소문과 유언비어가 늘 존재했어. 또한 거짓말로 사람들을 속이고 사기 치는 이들도 있었지. 언론의 경우에도 오보가 있어 왔어. 오보는 잘못된 보도, 사실과 다른 보도지. 오보와 가짜 뉴스는 둘 다 잘못된 정보야. 그런데 오보를 가짜 뉴스라고 말하진 않아. 그 둘의 차이가 뭘까? 바로 '의도가 있느냐, 없느냐' 하는 점이야. 오보는 언론이 (실수나 부주의로) 잘못된 정보를 보도한 경우지만, 가짜 뉴스는 고의로 만들어 낸 거짓 정보지.

가짜 뉴스의 문제는 이런 거야. 2016년 미국 대선(대통령 선거)에서 가짜 뉴스가 횡행했는데, 이는 대다수 언론이 낙선을 예상한 후보를 대통령으로 만드는 데 일정한 영향을 미쳤어. 미국 대선에서 가짜 뉴스가 충격을 준 점은 대선 한복판에 가짜 뉴스가 떨어졌다는 사실이 아니야. 수많은 사람이 가짜 뉴스에 속아 넘어갔다는 점이 진짜 충격적이었지. 2016년 미국 대선 기간 중 가짜 뉴스 20개의 페이스북 공유 수는 871만 건이었어. 이는 같은 기간에 주요 언론사의 가장 주목받았던 대선 기사 20개의 페이스북 공유 수인 737만 건보다 18퍼센트나 많은 수치야.

미디어 환경의 변화

인터넷과 모바일이라는 편리하고 똑똑한 도구를 갖고도 사람들은 가짜 뉴스에 휘둘리고 있어. 모바일 환경에서 소셜 미디어가 뉴스 유통의 중심으로 자리 잡으면서 가짜 뉴스가 더욱 확산되고 있어. 젊은 층에게 모바일로 읽은 뉴스의 출처를 물어보면 뉴스를 보도한 언론사의 이름을 거의 기억하지 못하지. 그 대신 다음, 네이버, 페이스북 등 자신이 이용한 플랫폼을 기억하는 경우가 많아.

어쩌면 이러한 도구의 편리함이 상황을 더 악화시키고 있는지 몰라. 인터넷과 모바일 덕분에 가짜 뉴스를 접하기 쉬울뿐더러 퍼뜨리기도 쉬우니까. 분명 기술과 도구는 더 똑똑하고 편리해졌지만, 그것을 쓰는 사람은 전혀 똑똑해지지 못했어. 그렇다 보니 가짜 뉴스에 더욱 휘둘리지. 인터넷과 SNS라는 새로운 환경에 살지만 이를 제대로 이해하지 못한 채 사용하다 보니 가짜 뉴스가 기승을 부리고 있어.

가짜 뉴스가 판치는 이유

가짜 뉴스는 우연히 만들어져서 퍼지는 걸까? 가짜 뉴스는 저절로 만들어지지 않아. 특정한 의도를 가진 누군가가 만들지. 마찬가지로 특정한 의도를 가지고 퍼뜨려. 공통적으로 '특정한 의도'라고 말했지만, 의도의 성격은 차이가 있지. 가짜 뉴스를 만들 때는 경제적인 이유가 두드러지고, 퍼뜨릴 때는 정치적인 이유가 두드러지거든.

프란치스코 교황에 관한 가짜 뉴스를 만든 마케도니아의 청소년들이 트럼프 후보를 지지해서 그런 뉴스를 만들었을까? 그들이 그런 뉴스를 만든 건 트럼프에 호의적이고 상대 후보인 힐러리 클린턴에 악의적이어서가 아니야. 사실 누가 미국 대통령이 되든 그들은 전혀 관심이 없었어. 미국 대선에 관심도 없는 마케도니아의 청소년들이 트럼프에게 유리한 가짜 뉴스를 만든 이유는 단순했어. 돈이 되기 때문이지.

가짜 뉴스가 어떻게 돈이 되냐고? 기사로 둔갑한 가짜 뉴스를 보기 위해 사람들이 특정 사이트를 방문하거나 가짜 뉴스를 클릭할수록 인터넷 광고 수입이 늘어나게 돼 있어. 가짜 뉴스를 생산하는 사이트는 인터넷 언론사인 것처럼 꾸며지지. 유명 언론사 사이트의 디자인을 베끼기도 하고, 심지어 실제 언론사 사이트를 위조하기도 해. 예를 들어 미국 지상파 방송국 ABC 사의 인터넷 홈페이지(abcnews.go.com)와 아주 비슷한 'ABCNews.com.co'와 같은 가짜 뉴스 사이트가 실제로 있었어. 유명 언론사의 인터넷주소(URL)를 교묘하게 위조한 거야.

실제 언론사 홈페이지처럼 꾸민 가짜 뉴스 사이트

가짜 뉴스가 잦아들지 않는 배경에는 정치적 이유가 크게 자리 잡고 있어. 선거처럼 정치 권력을 얻기 위한 대결 상황에서 특정 세력이 불특정 다수의 생각을 바꾸고 정치적 선택을 왜곡하기 위해 가짜 뉴스를 퍼뜨리거든. 우리나라에서도 대통령 선거 등이 있을 때마다 가짜 뉴스가 극성을 부리지. 미국과 마찬가지로 특정 정치 세력이 선거판을 자신들에게 유리하게 이끌어 가려고 가짜 뉴스를 생산, 유포하고 있어.

왜 거짓 정보에 현혹될까?

가짜 뉴스가 잘 퍼지는 이유는 뭘까? 시간은 없는데 뉴스는 넘쳐나는 상황에서 이용자들은 선택과 집중을 하기 마련이야. 그 때문에 눈길을 끄는 뉴스를 클릭하게 되지. 자극적인 가짜 뉴스가 관심을 끄는 건 두말할 필요가 없어. 가짜 뉴스는 공통점을 가지고 있어. 영역은 달라도 편견과 혐오, 선동 등 자극적 내용을 담고 있다는 점이야. 주된 공격 대상은 대체로 여성과 같은 소수자, 유대인이나 무슬림 같은 타인종이 되지.

가짜 뉴스가 퍼지는 곳은 SNS, 유튜브 등이지. SNS나 유튜브의 특징은 비슷한 성향이나 관심사를 지닌 사람들끼리 어울린다는 점이야. 생각이 비슷한 이들끼리 모여서 하는 얘기는 대화가 진행될수록 특정한 믿음을 강화시키지. 이런 일이 반복되다 보면 어떤 생각은 사실 여부와 상관없이 '진짜'로 둔갑하게 돼. SNS에서 생각이 비슷한 이들끼리 서로 '좋아요'나 '엄지 척'으로 응원하고 댓글로 부추기다 보면 자신들의 생각이 마치 여론의 대세인 것처럼 느껴지고, 심지어 가짜 뉴스조차 진짜로 믿어지지.

미디어 리터러시가 필요해

 가짜 뉴스는 스스로 '가짜'라고 말하지 않아. 오히려 진짜보다 더 진짜처럼 보이려고 하지. 두 눈 멀쩡히 뜨고 당할 수밖에 없는 이유야. 가짜 뉴스를 잡아내기란 쉽지 않아. 더구나 지금처럼 긴 글을 읽는 게 어려워진 시대에는 더욱더 그렇지. 미국 청소년들 사이에 유행하는 말 중 'tl;dr'라는 게 있어. 'too long; didn't read'를 줄인 말인데, '너무 길어서 읽지 않았다'는 뜻이야. 영상과 이미지에 익숙한 젊은 세대는 길고 복잡한 문장보다 짧고 단순한 문장을 선호한다는 걸 보여 주는 표현이지. 하루에도 엄청난 양의 정보가 쏟아지다 보니 젊은 세대는 스마트폰이나 모니터 속 내용을 훑어보거나 건너뛰거나 대충 읽는 것에 너무도 익숙하지.

가짜 뉴스가 마구 쏟아지는 시대야. '미디어 리터러시'가 무엇보다 필요하고 중요하지. 미디어 리터러시란 미디어 이용자가 정보를 주체적으로 판단하고 평가하며 이용하는 능력이야. 가짜 뉴스를 가려내는 힘은 깊이 읽기와 비판적 읽기지. 뉴스를 대충 훑어보지 말고 차분히 읽으면서 정보 속에 담긴 근거가 사실에 바탕을 두고 있는지, 타당한지 따져보는 거야. 물론 쉬운 일은 아니야. 국제도서관연맹은 가짜 뉴스를 확인하는 8가지 방법을 소개하고 있어. 그 방법은 출처 확인하기, 작성자 확인하기, 근거 확인하기, 본문 전체 읽기 등이야.

가짜 뉴스 가려내기

가장 중요한 것은 출처 확인이야. 공인된 기관을 사칭하거나 이름을 유사하게 만들어서 가짜 뉴스를 유포하는 경우가 많거든. 작성자가 있다면 그 사람이 실재하는 인물인지, 과거에 어떤 글을 게시했는지 확인해 볼 필요가 있어. 작성자를 알 수 없다면 해당 정보를 신뢰하기 어렵지. 해당 정보의 세부 내용이 언제, 어디에서 만들어진 것인지도 확인해 보면 좋아.

가령 사진, 동영상 등에서 사건 발생 시간과 장소 등을 분명히 알기 어렵다면 정보의 진실성을 의심할 필요가 있지. 과거 다른 곳에서 벌어진 일을 지금 여기에서 벌어지고 있는 일처럼 조작하는 경우도 많거든.

앞에서도 다룬 것처럼, 가짜 뉴스의 특징은 자극적이라는 점이야. 제목부터 '충격', '경악' 등의 감정적이고 극단적인 표현이 등장하면 주의할 필요가 있어. 정보가 과도한 불안이나 공포를 불러일으키거나 특정 대상에 대한 분노, 공격성을 띠고 있다면 의심할 만하지. 해당 정보가 사실을 정확히 전달하기보다 내게서 특정 감정과 반응을 끌어내려 하는 것은 아닌지 의심해 봐야 해. 가짜 뉴스들은 공격 대상에 대한 신뢰를 떨어뜨리기 위해 이런 감정을 부추기거든.

요즘은 언론사들이 의심스러운 주장이나 정보에 대해서 진실 여부를 파헤쳐 보도하는 '사실 확인(팩트 체크)' 코너를 운영하기도 하지. 서울대학교 언론정보연구소에서 운영하는 사실 확인 사이트(factcheck.snu.ac.kr)에 가 보면 각 언론사들이 진실 여부를 확인한 내용들을 볼 수 있어.

민주 시민 학교 2

1판 1쇄 발행일 2021년 9월 17일

지은이 오승현
그린이 김주경

발행인 김학원
발행처 휴먼어린이
출판등록 제313-2006-000161호(2006년 7월 31일)
주소 (03991) 서울시 마포구 동교로23길 76(연남동)
전화 02-335-4422 **팩스** 02-334-3427
저자·독자 서비스 humanist@humanistbooks.com
홈페이지 www.humanistbooks.com
유튜브 youtube.com/user/humanistma **포스트** post.naver.com/hmcv
페이스북 facebook.com/hmcv2001 **인스타그램** @human_kids
편집 이주은 정은미 **디자인** 기하늘 럼어소시에이션
사진 제공 IAEA Imagebank VincentLTE
용지 화인페이퍼 **인쇄** 삼조인쇄 **제본** 민성사

글 ⓒ 오승현, 2021
그림 ⓒ 김주경, 2021

ISBN 978-89-6591-440-2 73330

- 이 책은 저작권법에 따라 보호받는 저작물이므로 무단 전재와 무단 복제를 금합니다.
- 이 책의 전부 또는 일부를 이용하려면 반드시 저작권자와 휴먼어린이 출판사의 동의를 받아야 합니다.
- **사용 연령 8세 이상** 종이에 베이거나 긁히지 않도록 조심하세요. 책 모서리가 날카로우니 던지거나 떨어뜨리지 마세요.